BABY-LED WEANING

BABY ISST SELBER

Das breifrei Kochbuch
Über 100 BLW Rezepte für Babys, Kleinkinder und die ganze Familie
Beikost ganz easy

LUISA ZUCKERHUT

Inhalt

Vorwort

Liebe Baby-led Weaning Mamas, Papas und Babys,

ich hoffe, es ist ganz viel bei den Rezeptvorschlägen dabei, was Euch mundet. Alle Rezepte sind grundsätzlich für den Start geeignet. Bei einigen Rezepten sind Zwiebeln dabei, hier müsst Ihr schauen, ob es Eurem Baby bekommt und diese wenn nicht beim nächsten Mal einfach weglassen.

Mit gutem Beobachten und Unterstützung wird es sicher bald gelingen gemeinsam am Familientisch zu essen.

Das Selbstkochen bedeutet auf jeden Fall Sicherheit in Bezug auf Frische und Herkunft der Nahrungsmittel, so dass der kleine Schatz jederzeit mit allem Notwendigen versorgt ist.

Ich wünsche viel Spaß und Erfolg beim nächsten Meilenstein in Babys Entwicklung und Glück und Gesundheit für die ganze Familie!

Luisa Zuckerhut

„Baby-led weaning" - Was ist das eigentlich?

Hast Du auch vom neuen Trend „Baby-led weaning" gehört hast und willst Dich jetzt ausführlich informieren, was genau damit gemeint ist?

Dann bist Du hier genau richtig!
Bei aller Freude, so einfach ist es oft gar nicht mit dem Nachwuchs, besonders beim ersten Kind. Da wird oft die Nacht zum Tage. Wäsche und der Haushalt will erledigt werden und dazu noch das umständliche Kochen? Baby kann ja schließlich nicht ohne weiteres die Erwachsenenkost mitessen.

Aber irgendwann ist der Zeitpunkt gekommen, die Umstellung von Muttermilch oder Fläschchen muss sein, es bedeutet ja auch wieder einen kleinen Fortschritt im Leben, vielleicht sogar mit viel Bedeutung für die Zukunft, wie wir noch sehen werden.

Genau jetzt sind wir beim Prinzip „Baby-led weaning".
Der Begriff meint den Zeitraum der Umstellung von Muttermilch/Fläschchen über Beikost, bis gar nicht mehr gestillt werden muss. Übersetzen kann man den Ansatz mit "babygeführte Entwöhnung".

So ganz neu ist die Methode im Grunde gar nicht. Bereits seit vielen Generationen ernähren die Menschen ihren Nachwuchs so, wahrscheinlich nur nicht so lecker, wie es uns heutzutage möglich ist. Auch das Wissen über geeignete oder ungeeignete Nahrungsmittel ist größer geworden, ebenfalls die Auswahl. Doch übertrieben muss es gar nicht sein – ausgewogen, gesund und in Bio-Qualität ist das Wichtigste.

Des Weiteren bedeutet Baby-led weaning, dass kein Brei gefüttert wird. Das Kind isst von Anfang an am Familientisch mit und bedient sich mithilfe der Finger an den angebotenen Speisen. Diese müssen natürlich geeignet sein, weich genug, nicht zu heiß und in mundgerechte Stücke zerteilt. Auch Zucker, Salz und scharfe Gewürze gehören nicht an Babys Essen. Zusätzlich wird weiterhin gestillt bzw. das Fläschchen gegeben, um sicherzustellen, dass der kleine Racker auch satt genug wird und alle wichtigen Nährstoffe bekommt.

Dass Püriertes oder auch mal ein gekauftes Gläschen vollkommen verschwinden müssen, ist nicht gemeint. Jede Familie sollte schauen wie die ganze Umstellung für sie am besten in den Tagesablauf integrierbar ist. Kein Tag ist wie der andere. Sowohl Mama als auch Baby sind nicht immer gleichgut „drauf". Jeder kann mal angeschlagen sein oder die Zeit drängt, Termine sollen eingehalten werden usw. Für diese Fälle sollte man vorsorgen.

Viel Selbstgekochtes kann auch portionsweise eingefroren werden, aber auch an Vorrat an z.B. Bananen schadet nie. Die Bananen sollen ruhig sehr reif sein, desto mehr Nährstoffe haben sie. Für das Essen von Bananen gibt es mehrere Möglichkeiten: püriert, in Scheiben geschnitten oder als Ganzes. Sie müssen geschält werden und können dann in Gläsern in die Tiefkühltruhe wandern. Man verwendet am besten kurze, breite und dickwandige Gläser und befüllt sie nur zu drei Viertel. So wird das Platzen der Gläser verhindert, wenn Flüssigkeiten sich ausdehnen.

Wann ist der richtige Zeitpunkt für die breifreie Beikost?

In der Regel wird gesagt, ab dem sechsten Lebensmonat ist es soweit, dass das Baby festere Kost zu sich nehmen kann. Doch wann des Kind bereit ist zu essen, bestimmt es selber. Kein Mensch ist wie der andere, es kann durchaus schon mit fünf Montane anfangen, aber auch bis zu neun Monaten dauern. Nur nicht in Zweifel verfallen. Es ist genau wie mit Krabbeln, Laufen, Sprechen oder „stubenrein werden“. Alles braucht seine Zeit, das Gras wächst auch nicht schneller, wenn ich daran ziehe.

Daher probiere es am besten einfach einmal aus. Wenn Du siehst, dass das Baby Gefallen an der Beikost findet, dass kannst Du ihm schrittweise immer mehr davon geben.
Wenn Du merkst, dass es keinerlei Interesse zeigt, dann warte einfach noch ein paar Wochen und probiere es erneut. Du wirst merken, irgendwann hat Dein Baby sehr viel Freude daran.

Folgende Anzeichen gibt es für die sogenannte „Beikostreife“ des Kindes:

1. Dein Baby ist in der Lage, relativ sicher frei oder auf dem Schoß zu sitzen. Das Drehen vom Rücken auf den Bauch funktioniert. Von dem Zeitpunkt an kann auch der Kiefer Kaubewegungen ausführen. Lippen, Zunge und Zahnleiste nehmen Nahrung auf, die Zunge schiebt die Nahrung im Mund hin und her.
2. Für die Nahrungsaufnahme ist eine aufrechte Haltung wichtig. Solange das Baby sich in liegender oder halbaufrechter Lage befindet, besteht beim Schlucken die Gefahr, dass Nahrung –oder Brei- nur schwer abgeleitet oder hervorgewürgt werden kann.
3. Dein Baby sollte also während der gesamten Mahlzeit sicher aufrecht sitzen können. Du kannst es anfangs sicher auf dem Schoß halten.

Später kannst Du dann einen Hochstuhl gut auspolstern, um ein Zusammensacken zu vermeiden.

4. Der „Zungenstoßreflex" muss verschwunden sein. Ursprünglich dient er dazu, Objekte, die für das Kleinkind gefährlich sein könnten, aus dem Mund zu stoßen. Solange noch angebotener Brei vom Löffel wieder hinausgeschoben wird oder die Nahrung noch mehr gesaugt als gekaut wird, ist es noch zu früh.
5. Das Baby muss fähig sein, mit dem „Faustgriff" Objekte zu greifen, zu halten und zum Mund zu führen. Das Wiederloslassen muss noch geübt werden. Den „Pinzettengriff", mit dem kleinere Dinge wie Mais, Erbsen oder Beeren genommen werden können, entwickeln Babys ab dem 8./9. Monat.
6. Dein Baby zeigt reges Interesse am Essen der Großen und möchte sich selber am Teller bedienen. Es beobachtet und versucht ohne fremde Hilfe, Stücke in den Mund zu schieben. Wenn das Baby sich selber füttert, ist mit Sicherheit der richtige Zeitpunkt gekommen. Allerdings wird die Sache höchstwahrscheinlich des Öfteren mal mit „Matsche-Matsche" enden. Es ist etwas anstrengend, wenn nach der Mahlzeit jedes Mal sowohl Dein Baby als auch die Küche gereinigt werden müssen, doch auch das hat seinen Sinn. Das „Begreifen" der Dinge steht im direkten Zusammenhang von Anfassen und Verstehen.

Ist Dein Kind vielleicht schon 9 oder 10 Monate alt und zeigt noch kein Interesse, gibt es zwei oder eventuell auch mehr Erklärungen. Vielleicht ist es einfach von der gemütlichen Sorte und nimmt sich viel Zeit oder es liegt ein Nährstoffmangel vor.

Fehlt zum Beispiel Eisen, kann es zu Appetitlosigkeit und Desinteresse kommen. Bei Frühchen oder Kaiserschnittbabys kann es sein, dass die Eisenspeicher nicht optimal gefüllt sind. Der Kinderarzt kann das klären und auch eventuelle Schluck- oder Entwicklungsverzögerungen abklären. Bleiben die Untersuchungen ohne Befund, kann weiterhin gestillt oder das

Fläschchen gegeben werden. Sollten die Eisenwerte kritisch sein und es wird ein Spurenelement gegeben, wird sich das Baby bald zum hungrigen Bären entwickeln.

Welche Geschmacksrichtung dem zukünftigen Verkoster am meisten zusagt, wird sich herausstellen. Auch hierbei gibt es gravierende Unterschiede. Unser jüngster Sohn bezeichnete sich selbst irgendwann als „Früchtefresser“. Ihn konnte man mit Zitronenscheiben begeistern. Der Ältere wiederum aß anfangs fast alles. Das wurde gerade im Obst- und Gemüsebereich immer weniger, je größer er wurde. Übrig blieben Kartoffeln, Erbsen und Apfelmus. Heute sind beide groß, rank und schlank, sportlich und auch sonst fit.

Wie wappne ich mich - Was wird gebraucht, um breifrei beginnen zu können?

- Zeit, Gelassenheit, Ruhe und viel Geduld. Kinder fühlen Nervosität und wenn sie unter Zeitdruck zum Essen gedrängt werden. Daher starte das "Projekt" Baby-led Weaning erst wenn es bei Dir zeitlich gut passt. Es bringt nichts gezwungenermaßen mit der Umstellung zu beginnen, wenn man aktuell nur wenig Zeit und Nerven dafür hat.
- Gute Nerven, wobei es egal ist, ob Brei oder breifreie Kost gereicht wird. Die eine oder andere Schweinerei oder Quengelei wird es immer geben.
- Einen geeigneten Hochstuhl und Utensilien wie Lätzchen, abwaschbare Unterlagen, Lappen u.ä., um Klecksen und Krümeln schnell wieder Herr zu werden.
- Nicht verzweifeln bei „Rückschritten“! Es wird Momente geben, in denen Dein Baby nichts annehmen will, so lecker es auch ist, weil es vielleicht zahnt oder verschnupft ist. Da geht nur Mamas Brust – oder das Fläschchen.
- Übe keinen Druck aus und zwinge Dein Kind nicht, zu essen. Die Phase wird vorbei gehen und dem kleinen Spatz wird es umso mehr Spaß machen, zu probieren und zu futtern.
- Bleib immer bei Deinem Kind, um schnell reagieren zu können, sollte es sich verschlucken. Keine Panik, das geschieht nur äußerst selten. Der Punkt „Im Notfall“ folgt noch.
- Nun das Wichtigste: Geeignete Lebensmittel in Bio-Qualität. Dabei solltest Du unbedingt darauf achten, z.B. Oliven, Trauben oder Kirschen immer zu halbieren. Im Stück verzehrt besteht die Gefahr des Verschluckens.
- Auch Nüsse sind ungeeignet. Verwende sie lieber als Nussmus oder in Gebäckstücken.
- Biete dem Baby zwischendurch viel abgekochtes Wasser an.

Im Notfall

Die Angst, dass das Baby sich verschluckt, braucht nicht unnötig groß sein. Der Würgereflex der Kleinen liegt weit vorn auf der Zunge, anders als bei Erwachsenen. Können Nahrungsmittel nicht bearbeitet werden, fängt das Kind früh an zu würgen und zu spucken. Das kann sowohl bei Brei als auch bei breifreier Kost passieren.

Kommt es doch zum Verschlucken, reicht es meist, mit der hohlen Hand zwischen die Schulterblätter zu klopfen. Sollte das nicht genügen, setz Dich hin, leg das Kind mit dem Gesicht nach unten über die Beine und klopfe leicht einige Male auf die Rückenmitte. Dann dürfte sich das verschluckte Stückchen gelöst haben.

Besprich am besten die Nahrungsumstellung vorab mit Deinem Kinderarzt. Er wird Dir auch gute Tipps für "den Notfall" geben können.

An einem Erste-Hilfe-Kurs speziell für Babys und Kleinkinder teilzunehmen, ist immer gut. Man fühlt sich in Notfällen nicht total hilflos und kann gezielt Maßnahmen ergreifen, nicht nur zuhause, auch auf dem Spielplatz oder im Straßenverkehr.

Die Bedeutung des Familientisches

Für viele Menschen ist fas gemeinsame Essen das Highlight des Tages. Die Küche oder der Esstisch sind der Mittelpunkt des Hauses, der Ort, an dem man sich trifft, schmaust und (fast) alles bespricht.

Und genau hier soll das jüngste Familienmitglied dabei sein, wenn möglich. Auch wenn es noch nicht selbständig essen kann, sondern ab und zu Brei gefüttert bekommt oder gestillt wird, gehört es dazu, genau wie die „Großen“. Es wird die Atmosphäre spüren, und mit etwas Glück diese mitnehmen ins Leben. Das Dabeisein ist gleichzusetzen mit erwünscht, geliebt und willkommen sein. Das verspricht meist einen guten Start ins Leben.

Bei den Gerichten selber kannst Du mit etwas Geschick und Phantasie „tricksen“. Alle essen ja eigentlich dasselbe, nur wollen und brauchen die größeren Kinder und die Erwachsenen natürlich nicht die Babykost essen, der Knirps oder die Knirpsin kann aber die Erwachsenenkost noch nicht vertragen. So wird bei Suppen, Soßen und anderen Beilagen für das Baby eine Portion „abgezwackt“ und anschließend erst gewürzt. Daran gewöhnt man sich schnell. Ist aus irgendwelchen Gründen ein Menü, eventuell, wenn sich Besuch angesagt hat, gänzlich ungeeignet fürs Baby, helfen hier oft Vorräte, die nur aufgetaut werden müssen, schon ist für den Spatz auch etwas da.

Die Liste der ungeeigneten Lebensmittel für das Baby

- **Amaranth, Buchweizen, Quinoa**: Diese Pseudogetreide beinhalten zwar viele Mineral-stoffe und hochwertiges Eiweiß, doch auch Gerbstoffe und Saponine, die die Verdauung hemmen und die Darmschleimhaut reizen können. Der hohe Puringehalt kann den Nieren des Kindes schaden.

- **Rohmilchprodukte**: Weich- und Frischkäse wie Mozzarella, Camembert und Brie aus Rohmilch können Listerien-Bakterien enthalten, die Erbrechen, Durchfall und Fieber verursachen könne.
  Hartkäse aus Rohmilch, also Sorten wie Appenzeller, Bergkäse, Emmentaler oder Parmesan sind erlaubt. Hier haben Listerien keine Überlebenschance.

- **Rohe oder weichgekochte Eier**: Es besteht Salmonellengefahr. Man bringt Ei oft in Zusammenhang mit Allergien, wirklich bewiesen ist es eher nicht. Hart gekochtes Ei oder Rührei darf das Baby ruhig probieren.

- **Rohes Fleisch, roher Fisch:** Für beides, wie auch für rohe Meeresfrüchte, gebeizten und geräucherten Lachs und Sushi empfiehlt das *Robert-Koch-Institut* den Verzicht für Kinder unter fünf Jahren.
  Bei gebratenem oder gedünstetem Fisch muss genau darauf geachtet werden, dass alle Gräten entfernt sind.

- **Zucker und Süßungsmittel**: Einige Argumente sprechen gegen den Einsatz von süßenden Substanzen. Beim Kohlehydratabbau zur Energiegewinnung entsteht eine Säure, die einen Mineralstoffverlust des Zahnschmelzes begünstigt. Karies verursachende Bakterien könne auch durch Küsschen und gemeinsam benutzte Löffel übertragen werden.

Wie Haushaltszucker gehören auch Glucose (Traubenzucker), Fructose (Fruchtzucker) und Stärke zu den ungünstigen vergärbaren Kohlehydraten. Regelmäßige und gründliche Mundhygiene ist daher schon vom ersten Zähnchen an wichtig.
Ebenso schädlich, aber weniger bekannt ist die erwiesene Tatsache, dass Zucker wichtige B-Vitamine vernichtet.
Dagegen ist die oft gehörte Meinung, Zucker verursache hyperaktives Verhalten von Kindern, bislang wissenschaftlich nicht eindeutig belegt.
Alles in allem ist zusätzliches Süßen der Babykost überflüssig, die Süße der Früchte reichen.

- **Honig und Ahornsirup**: Hierauf muss definitiv verzichtet werden! Beide Nahrungsmittel können Sporen eines Bakteriums (Clostridium botulinum) enthalten. Sie sind in der Lage, eine lebensbedrohliche Vergiftung auszulösen. Aufgrund noch fehlender Magensäure können sie im Darm aktiviert werden und Toxine bilden.
  Die Folgen wären als erstes Verstopfung und weiterhin Lähmungen, die schlimmstenfalls zur Schluck- und Atemlähmung führen können.
  Also, die beiden Süßungsmittel auf keinen Fall verwenden!

- **Stevia oder Süßstoff:** Beides sind im Labor hergestellte Mittel mit diversen Zusätzen, also von Natur keine Spur. Bauchschmerzen und Durchfälle sind häufig die unerwünschten Folgen. Keine Empfehlung!

- **Salz und gesalzene Lebensmittel**: Durch zu viel Salz werden die Nieren des Kindes belastet, es kann ein erhöhter Blutdruck entstehen. Der Salzbedarf -ca. 1 g/täglich- des Babys wird durch den natürlichen Salzgehalt von Muttermilch, Gemüse, Fleisch und Getreide gedeckt.
  Das Würzen mit Kräutern ist sehr viel gesünder und bietet auch neue Geschmäcker. Das Kochwasser für Kartoffeln, Nudeln und Gemüse darf leicht gesalzen werden. Nachsalzen können die Großen ihr Essen direkt auf dem Teller. Das gleiche gilt für scharfe Gewürze. Auch bei

Mineralwasser sollte eine natriumarme, aber calciumreiche Sorte bevorzugt werden. In den meisten Regionen ist allerdings Leitungswasser –fürs Baby abgekocht- die beste und günstigste Wahl.

- **Würzmischungen:** Alle scharfen Gewürze und Mischungen sind für Babys Geschmacksknospen nicht geeignet. Sie sind noch hochempfindlich. Außerdem soll sich der Geschmackssinn langsam entwickeln und nicht überfordert und irritiert werden.

- Gemüsesorten, die fürs Baby noch nicht geeignet sind. **Paprika, Pilze, Kohlsorten und Hülsenfrüchte** sind noch zu schwer verdaulich und können Blähungen verursachen. Hülsenfrüchte weisen zudem einen hohen Puringehalt auf, was die Nieren unnötig belastet.
  Wer später vielleicht auch für sich selber den Puringehalt herabsetzen möchte, braucht Erbsen, Linsen und Co. nur über Nacht in Wasser einweichen. Das Einweichwasser wird abgegossen, die Hülsenfrüchte gründlich abgespült und mit frischem Wasser aufgesetzt, so kann der Puringehalt deutlich reduziert werden.
  Auch Blattsalate können Babys noch nicht kauen.

- Sonstige ungeeignete Nahrungsmittel:
    - **fettreduzierte Lebensmittel**
    - **Zusatz-, Farb- und Aromastoffe**
    - **Soja und Sojaprodukte** enthalten Isoflavone und sollten aufgrund ihrer hormonellen Wirkung zumindest im ersten Lebensjahr nicht angeboten werden
    - **Kakao und Schokolade** sind nicht nur wegen des Zuckergehaltes, sondern auch wegen des enthaltenen Koffeins nicht geeignet. Eine gute Alternative ist Carob (dazu später mehr).

- Getränke, die nicht auf Babys Speiseplan gehören:

- Selbstredend **Alkohol**, auch nicht in Saucen und Desserts. Alkohol verkocht auch nicht vollständig, wie immer wieder mal behauptet wird. Alkohol wird natürlich auch durch die Muttermilch aufgenommen. Vorsicht, die Leber von Kindern arbeitet nicht wie bei erwachsenen Menschen, sie kann noch nicht gut genug entgiften.
- **Fruchtsäfte und Limonaden** sollten wegen ihres Zuckergehalts gemieden werden. Es reicht aus, dem Kind stilles Wasser anzubieten.
- **Kaffee** und auch **schwarzer und grüner Tee** sind keine Getränke für Kinder. Koffein und Tein können den Herzschlag erhöhen und das Nervensystem ungünstig beeinflussen.

Geeignete Nahrungsmittel für Babys Beikost

Gemüse

- Brokkoli
- Gurke
- Kartoffeln
- Karotten
- Kürbis
- Pastinaken
- Süßkartoffel
- Topinambur
- Zucchini
- alle alten Gemüsesorten

Die "alten" Gemüse- und Obstsorten lösen in der Regel keine Allergien aus. Die nachfolgenden Sorten bitte nur in geringen Mengen und nicht aufgewärmt servieren! Beim Anwärmen wird Nitrat zu Nitrit und blockiert den Sauerstofftransport im Blut.

- Mangold
- Rote Bete
- Rucola
- Spinat

Die Sorten müssen gut gewaschen und die groben Stiele entfernt werden. Außerdem sollten sie nur saisonal aus dem Freilandanbau verwendet werden.

Öl in der Beikost

Empfehlenswert ist ein Öl mit mehrfach ungesättigten Fettsäuren in Bio-Qualität. Infrage kommen Raps-, Distel-, Maiskeimöl oder Öl aus Weizenkeimen oder Leinsaat.
Kalt gepresstes Öl ist zu Beginn der Beikost noch nicht geeignet. Ein spezielles Beikostöl ist auch erhältlich. Es ist eine Mischung aus Raps- und Sonnenblumenöl.

Der Beikost wird Öl zugesetzt, um Verstopfung beim Baby zu vermeiden und fettlösliche Vitamine besser aufnehmen zu können. Auf 100 g Nahrung rechnet man ½ - 1 Teelöffel Öl.
Falls das Kind zu den Mahlzeiten noch gestillt wird, übernimmt die Muttermilch diese Funktion. Möglich ist außerdem, der Mahlzeit etwas Muttermilch zuzufügen.

Obst

- Apfel
- Avocados
- Banane
- Birne
- Blaubeeren u.ä.
- Honigmelone/Wassermelone
- Mango

Bei Verwendung dieser Früchte kann auf Haushaltszucker verzichtet werden. Gerade Äpfel und Bananen eignen sich hervorragend für Waffeln, Muffins, Pfannkuchen u.ä.

Trockenobst

Können Gebäcke oder z.B. Saucen etwas mehr Süße vertragen, bieten sich Datteln an. Sie sollten ungeschwefelt sein. Je nach Rezept werden sie kleingeschnitten oder eingeweicht und püriert.

Weitere Süßungsalternativen:

- Agavendicksaft
- Apfeldicksaft
- Reissirup
- Rübenkraut
- Carob als Ersatz für Kakao. Carobfrüchte vom Johannisbrotbaum werden geröstet und fein gemahlen. Enthalten eine hohe Ballaststoff- und Nährstoffdichte und sind frei von an- und aufregenden Substanzen.

Saisonkalender für Gemüse

Gemüse	Jan	Feb	Mär	Apr	Mai	Jun	Jul	Aug	Sep	Okt	Nov	Dez
Aubergine							X	X	X	X		
Blumenkohl					X	X	X	X	X	X		
Bohnen, grüne							X	X	X	X		
Bohnen, dicke						X	X	X				
Brokkoli						X	X	X	X	X		
Butterrüben	O	O	O	O				X	X	X	X	X
Champignons	X	X	X	X	X	X	X	X	X	X	X	X
Erbsen						X	X	X				
Fenchel						X	X	X	X	X	X	
Grünkohl	X	X									X	X
Gurke / Salatgurke						X	X	X	X	X		
Kartoffeln	O	O	O	O	O	X	X	X	X	X	O	O
Kohlrabi					X	X	X	X	X	X		
Kürbis	O	O						X	X	X	X	O
Lauch / Porree	X	X	X	X	X	X	X	X	X	X	X	X
Lauch- / Frühlingszwiebeln					X	X	X	X	X	X		
Mais								X	X	X		

Mangold					X	X	X	X	X	X		
Möhren / Karotten	O	O	O	O	O	X	X	X	X	X	O	O
Paprika							X	X	X	X		
Pastinaken	X	X	X	O					X	X	X	X
Radieschen					X	X	X	X	X	X		
Rosenkohl	X	X	X							X	X	X
Rote Bete	O	O	O	O			X	X	X	X	X	O
Rotkohl	O	O	O	O	O	X	X	X	X	X	X	O
Schwarzwurzeln	X	X								X	X	X
Spargel				X	X	X						
Spinat			X	X	X				X	X	X	
Spitzkohl					X	X						
Staudensellerie							X	X	X	X		
Steckrüben	O	O	O						X	X	X	X
Tomaten							X	X	X	X		
Topinambur	X	X	X							X	X	X
Weißkohl	O	O	O	O		X	X	X	X	X	X	O
Wirsingkohl	X	X	O		X	X	X	X	X	X	X	X
Zucchini						X	X	X	X	X		
Zuckerschoten						X	X	X				

Zwiebeln	O	O	O	O	O	O	X	X	X	X	O	O

X = Frisch verfügbar aus heimischem Anbau.
O = Lagerware aus heimischem Anbau verfügbar.

Saisonkalender für Obst

Obst	Jan	Feb	Mär	Apr	Mai	Jun	Jul	Aug	Sep	Okt	Nov	Dez
Apfel	O	O	O	O	O			X	X	X	X	O
Aprikose							X	X				
Birne								X	X	X	O	O
Blaubeeren / Heidelbeeren						X	X	X	X			
Brombeeren							X	X	X			
Erdbeeren					X	X	X					
Himbeeren						X	X	X				
Holunderbeeren / Flieder									X	X		
Johannisbeeren						X	X	X				
Kirschen						X	X	X				
Mirabellen							X	X	X			
Pflaumen							X	X	X			
Quitten									X	X	X	
Rhabarber				X	X	X						
Stachelbeeren						X	X	X				
Wassermelonen								X	X			
Weintrauben									X	X		

Zwetschgen							X	X	X	X		

X = Frisch verfügbar aus heimischem Anbau.
O = Lagerware aus heimischem Anbau verfügbar.

Kuhmilch und Milchprodukte

Es heißt oft, Babys vertragen Kuhmilch nicht. Das ist nur bedingt richtig. Ab dem 7. Monat kann man es probieren, allerdings nicht unbedingt pur und nur in geringen Mengen. Die Nieren können durch den Eiweiß- und Mineralgehalt belastet werden, andererseits stärkt Milch durch Calcium und den Vitamin D-Gehalt die Knochen und fördert das Wachstum. Kuhmilch ist natürlich kein Ersatz für Muttermilch!

Anfangs können Milchprodukte gut beim Backen zum Einsatz kommen. Die Angst vor Kuhmilch-Allergien ist in den meisten Fällen unbegründet. Nur ca. 3% der Säuglinge reagieren allergisch darauf.

Wurst

Das ist ein weiterer Diskussionspunkt. Es ist wie so manches Ansichtssache. Rohe Wurst sollte prinzipiell nicht angeboten werden, aber ein kleines Stückchen milde Fleisch- oder Streichwurst hin und wieder ist im Rahmen.
Wichtig ist auf die Inhaltsstoffe zu achten.
Sprich einmal mit dem „Metzger Deines Vertrauens"!

Die wichtigsten Nährstoffe für Dein Baby

Neben den aufgeführten Nährstoffen enthalten unsere Lebensmittel natürlich noch weitere Substanzen, die für wichtige Körperfunktionen unerlässlich sind. Wird das Baby voll gestillt, erhält es über die Muttermilch alles Notwendige. Erst mit dem Start der Beikost sollte man sich Gedanken darüber machen, dass das Kind alles, was es braucht für eine gesunde Entwicklung, auch bekommt.

- **Vitamin B12**. Das kommt beinahe ausschließlich in tierischen Produkten vor. B12 ist enthalten in Fleisch, Eiern, Milch und Fisch. Bei veganer Ernährung muss das Vitamin zugeführt werden, da sonst Wachstums- oder Entwicklungsstörungen drohen. Für die Ausreifung gesunder roter Blutkörperchen ist Vitamin B12 unabdingbar.
- **Vitamin C**. Das wasserlösliche Vitamin ist besonders wichtig. Es fördert die Aufnahme von Eisen und begünstigt so den Sauerstofftransport im Blut. Äpfel und Birnen, frisch oder als Mus, sind als Lieferanten fürs Baby gut geeignet. Es darf auch ein kleiner Schluck frisch gepresster Saft gegeben werden.
- **Eisen.** 20-40 g sollte das Baby wöchentlich zu sich nehmen. Enthalten ist Eisen in roten Fleischsorten, einigen Getreidearten, Nüssen und vielen Gemüsesorten. Tierisches Eisen kann der Körper am leichtesten verwerten. Das Element ist wichtig für die gesunde Hirnentwicklung und zahlreiche Stoffwechselvorgänge.
  Möchtest Du Dein Kind vegetarisch oder vegan (auch für B12 wichtig) ernähren, folgen später noch Informationen.
- **Jod.** Milch und Milchprodukte, Hühnereier und Seefisch enthalten Jod. Es ist von großer Bedeutung für die fehlerfreie Funktion der Schilddrüse. Sie beeinflusst das Wachstum wie die geistige und körperliche Entwicklung. Sie reguliert Körpertemperatur und die Stimmungslage. Eine Unterfunktion kann zu Antriebslosigkeit und Müdigkeit führen, auch die Konzentration kann gestört werden.

Bei einer Überfunktion der Schilddrüse kommt es zu Herzrasen.

- **Calcium.** Die besten Calciumlieferanten sind Vollkorn, Milch und Milchprodukte, Karotten, Mandeln, Kokosnuss und Sesam. Für das Baby eignet sich gut Mandelmus, das man auch selber herstellen kann.
  Calcium braucht der Körper in ausreichender Menge für die Nervenimpulsübertagung, die Blutgerinnung, für die Verdauung und den gesamten Knochenaufbau.
- **Kalium.** Reich an diesem Mineralstoff sind Kartoffeln, Spinat, Petersilie, Nüsse, Trauben, Pfirsiche, Aprikosen, Feigen, Bananen und Avocados.
  Kalium ist im Körper zuständig für die Reizweiterleitung im Nervensystem und dem Wasserhaushalt.
- **Magnesium.** Der wichtigste Nährstoff für das Nervensystem, den Knochenaufbau und den gesunden Stoffwechsel. Magnesium ist vor allem in Vollkornprodukten, Bananen und Nüssen enthalten.
- **Natrium.** Der „Kollege“ von Kalium. Die Nervenreizübertagung funktioniert nur im Zusammenspiel Kalium und Natrium (Natrium-Kalium-Pumpe). Der Säure-Basen-Haushalt, der Wasserhaushalt und der Blutdruck werden von Natrium mitreguliert.
- **Omega 3-Fettsäuren.** Sie können vom Körper nicht selbst gebildet werden, sind aber lebenswichtig, und zwar für die körpereigene Abwehr, die Hormonproduktion, den Zellstoffwechsel und die Eiweißsynthese.
  Bereits in der Schwangerschaft ist eine ausreichende Zufuhr von Vorteil. Schon beim Fötus findet der Einbau in die Netzhaut der Augen und ins Gehirn statt.
  Lachs ist der Hauptlieferant der Fettsäuren, gefolgt von Hanf-, Lein-, Walnuss und Rapsöl und Mandeln.
- **Zink.** Es kommt in Vollkorngetreide, Haferflocken, Cashew-Nüssen (als Mus aufs Brot oder zum Backen) vor.
  Zink ist zuständig für die Eiweißsynthese, die Insulinspeicherung, für eine starke Immunabwehr und das Wachstum von Haut und Haaren.

Vegetarische/vegane Beikost

Auch hier ist es, wie bei den meisten Babythemen, wohl Ansichtssache. Möglich ist eine vegetarische oder vegane Beikosternährung. Ist sie aber auch zuträglich und unbedenklich? Ersatzprodukte für tierische Erzeugnisse gibt es viele, wobei darauf geachtet werden muss, dass alle wichtigen Nährstoffe vorhanden sind, wie vorweg schon beschrieben.

Eine Ernährungsberatung und ein Gespräch mit Kinderarzt/-ärztin sind bei einer vegetarischen bzw. veganen Beikost dringend anzuraten.

„Gut geplante vegane und andere Formen der vegetarischen Ernährung sind für alle Lebensphasen geeignet, einschließlich Schwangerschaft, Stillzeit, Kindheit und Jugend“,
So die Academy of Nutrition and Dietetics (A.N.D.)

Vorräte

Ein gewisser Vorrat an Nahrungsmitteln erleichtert oft den Alltag. Ich fülle Schränke und die Gefriertruhe von Zeit zu Zeit auf mit den Sachen, die immer gebraucht werden:

- Vollkornmehl und –Grieß
- Haferflocken, Reis, Nudeln
- Backpulver
- Carobpulver
- Gemüsebrühepulver
- Öl
- Mandelmus
- Dattelcreme
- Apfeldicksaft
- Birnendicksaft
- Agavendicksaft – hier ist zu überlegen, ob man ihn überhaupt kauft, denn Herstellung und Anlieferung aus fernen Ländern schadet der Umwelt
- Karotten
- Kartoffeln
- Eier
- Käsesorten
- Butter

In der Kühltruhe:

- Erbsen
- Brokkoli
- Beeren
- Apfel- und Birnenmus
- Tomatensauce

Vorteile und Nachteile des BWL

Vom Berufsverband der Kinder- und Jugendärzte zusammengefasst

„Wünschenswert ist, dass das Kind lernt, Lebensmittel eigenständig zum Mund zu führen, einen Becher zu halten etc. Den Säugling zu begleiten, sich Zeit für die Mahlzeiten zu nehmen, die Signale des Kindes zu verstehen und angemessen zu reagieren, fördert das gesunde Essverhalten.
Dem Kind können zur Beikost Obst, Gemüse und Brot in Stückchen angeboten werden, sobald es sie kauen kann. So kann es Nahrungsmittel mit allen Sinnen erfahren und spielerisch entdecken. Geachtet werden muss auf den Eisenbedarf des Kindes. Saugt es nur en einem Stück Fleisch, bekommt es kaum Eisen. Außerdem kann es sein, dass ein motorisch ungeschicktes Kind bei dem Finger-Food-Konzept nicht richtig satt wird, oder dass es sich an einem Stück Obst oder Gemüse verschluckt.
Unter dem „Schutz der Muttermilch" sollten ab Beginn des fünften Monats nach und nach Brei, dann Getreide, Gemüse, Obst und Fleisch eingeführt werden.
Ab dem zehnten Monat sollte das Kind an den Familienmahlzeiten teilnehmen, sollte es noch Hilfe brauchen oder nicht satt genug werden, darf ruhig gefüttert oder gestillt werden."

Aufstriche

Dattel-Creme

Zubereitungszeit: 15 Minuten

Zutaten:

- 80 ml Wasser
- 75 g ungeschwefelte Datteln
- 100 g gemahlene Haselnüsse
- 2 EL Kokosöl
- 1-2 EL Carob
- Nach Belieben Vanille

Zubereitung:

1. Datteln über Nacht einweichen
2. Alle Zutaten in ein hohes Mixgefäß geben, mit dem Pürierstab so lange mixen, bis eine sämige Masse entstanden ist.
3. Ist die Creme zu trocken, etwas Wasser dazugeben.
4. Der Aufstrich hält im Kühlschrank ca. 2 Wochen.

Erdäpfel-Käse

Zubereitungszeit: 20 Minuten

Zutaten für 6 Portionen:

- 500 g gekochte Kartoffeln vom Vortag
- ½ Becher Sauerrahm
- 1 Becher Creme fraîche
- 1 Bund Schnittlauch

Zubereitung:

1. Kartoffeln schälen, durch eine Presse drücken, dann mit Sauerrahm und Creme fraîche mischen.
2. Schnittlauch fein schneiden und in die Masse einrühren.

Erdbeerbutter

Zubereitungszeit: 20 Minuten

Zutaten für 6 Portionen:

- 250 g Erdbeeren
- 250 g Butter
- 3 Zweige Minze

Zubereitung:

1. Erdbeeren waschen, Stengelansatz entfernen, in feine Scheiben schneiden. Nun bei kleiner Hitze erwärmen. (Es tritt viel Saft aus.)
2. Mit dem Stabmixer die Beeren pürieren.
3. Unter Rühren solange reduzieren lassen, bis eine dickflüssige Masse entstanden ist. Kurz vor dem Ende die feingehackten Minzeblätter unterrühren. Abkühlen lassen.
4. Butter schaumig rühren, Erdbeermasse dazugeben und alles gut vermischen.

Erdnussmus

Zubereitungszeit: 25 Minuten

Zutaten:

- 220 g Erdnüsse
- 2 EL Erdnuss-Öl
- 1 EL Agavendicksaft

Zubereitung:

1. Erdnüsse in einer Pfanne ohne Öl anrösten. Dann abkühlen lassen.
2. Nüsse, Öl und Agavendicksaft in einer Küchenmaschine oder mit einem Stabmixer zerkleinern.
3. In ein Glas füllen und im Kühlschrank fest werden lassen.

Frischkäse-Creme

Zubereitungszeit: 5 Minuten

Zutaten für 4 Portionen:

- 600 g Doppelrahm-Frischkäse
- 60 g Schlagsahne

Zubereitung:

1. Alle Zutaten mit dem Mixer oder Schneebesen schaumig rühren.
2. Die Creme schmeckt frisch zubereitet am besten.

Gouda-Butter

Zubereitungszeit: 5 Minuten

Zutaten für 4 Portionen:

- 250 g Butter
- 100 g Gouda

Zubereitung:

1. Butter schaumig schlagen.
2. Gouda feinreiben und unter die Butter rühren.

Heidelbeercreme

Zubereitungszeit: 20 Minuten

Zutaten für 4 Portionen:

- 250 g Heidelbeeren
- 1 EL Birnendicksaft
- 1 Zitrone
- 80 g Butter

Zubereitung:

1. Heidelbeeren putzen und waschen.
2. Zitronenschale abreiben und die Zitrone auspressen.
3. Beeren mit Zitronensaft und Birnendicksaft aufkochen. Dann die Butter unterrühren.
4. Zitronenschale untermengen und alles kalt stellen.

Kokos-Bananen-Aufstrich

Zubereitungszeit: 20 Minuten

Zutaten für 6 Portionen:
- 3 reife Bananen
- 150 g Kokosraspel
- 40 g Kokosöl
- 1 EL Zitronensaft
- 1 Prise gemahlener Zimt

Zubereitung:
1. Bananen schälen, grob schneiden und zu einem Brei zerdrücken.
2. Kokosöl bei mittlerer Hitze erhitzen und unter den Bananenbrei rühren.
3. Die übrigen Zutaten unter das Bananenpüree rühren und solange rühren bis eine glatte Masse entstanden ist.

Kräutertopfen

Zubereitungszeit: 10 Minuten

Zutaten für 4 Portionen:

- 1 Bund Petersilie
- 1 Bund Schnittlauch
- 1 Bund Dill
- 500 g Magerquark
- 150 ml Milch

Zubereitung:

1. Kräuter sehr fein hacken.
2. Quark zuerst mit der Milch, dann mit den Kräutern mischen.

Mandelmus

Zubereitungszeit: 20 Minuten

Zutaten:

- 500 g ungeschälte Mandeln
- 1 Prise Zimt

Zubereitung:

1. Backofen auf 150°C vorheizen.
2. Mandeln auf einem Backblech ca. 5 Minuten rösten. Danach auskühlen lassen.
3. Mandeln und Zimt im Mixer auf kleinster Stufe ca. 1 Minute pürieren. Danach eine Pause machen.
4. Wieder mit der kleinsten Mixerstufe beginnen, langsam hochregeln – etwa 1 ½ Minuten.
5. Den letzten Durchgang wiederholen. Nach ca. 2 Minuten ist ein glattes Mandelmus fertig.
6. In sterilisierte Gläser mit Deckel abfüllen. Es hält sich mehrere Wochen – es sei denn, es wird aufgebraucht! ;-)

Marmelade ohne Zucker

Zubereitungszeit: 20 Minuten

Zutaten:

- 300 g Obst nach Wahl
- 150 ml Apfelsaft
- 1 Päckchen Agar-Agar

Zubereitung:

1. Obst waschen und schälen, evtl. entkernen.
2. Anschließend fein pürieren.
3. Apfelsaft und Agar-Agar dazugeben und gut vermischen. Etwa 4 Minuten zu einer dickflüssigen Masse einkochen.
4. Die Marmelade in Gläschen abfüllen, für 3 Minuten auf den Kopf stellen, umdrehen und abkühlen lassen.
5. Die Marmelade hält sich geschlossen etwa 4 Wochen, angebrochen etwa 7 Tage im Kühlschrank.

Nussaufstrich

Zubereitungszeit: 10 Minuten

Zutaten:

- 200 g Cashewnüsse
- 100 g Apfeldicksaft
- 1 EL Öl
- 1 TL Zitronensaft

Zubereitung:

1. In der Küchenmaschine oder mit dem Stabmixer alle Zutaten zu einer geschmeidigen Masse rühren.
2. In sterile Deckelgläser abfüllen.

Topinambur-Aufstrich

Zubereitungszeit: 10 Minuten

Zutaten für 2 Portionen:

- 5 EL selbstgemachtes Mandelmus
- 4 EL Sonnenblumenöl
- 1 ½ EL Topinamburpulver
- 1 ½ EL Carobpulver
- evtl. Vanillepulver

Zubereitung:

1. Mandelmus und Öl in einer Schüssel glattrühren
2. Topinambur und Carob unterrühren.
3. Nach Geschmack mit Vanillepulver abschmecken.

Teigwaren

Apfel-Zupfbrot

Zubereitungszeit: 1 ½ Stunden
Backzeit: 30 Minuten
Backtemperatur: 180°C

Zutaten für ein Kastenbrot:

- 220 ml lauwarme Milch
- ½ Würfel Hefe
- 80 g weiche Butter
- 550 g Weizenmehl
- 1 Ei

Für die Füllung:

- 50 g Butter
- 3 Äpfel – ca. 400 g
- 1 TL Zimt
- 3 EL Zucker

Zubereitung:

1. In der Milch Hefe und Butter auflösen. Anschließend zum Mehl geben und das Ei hinzufügen. Zu einem glatten Teig kneten.
2. Abgedeckt 1 Stunde gehen lassen.
3. Butter zerlassen.
4. Äpfel waschen und mit der Schale grob reiben. Zimt und Zucker mischen.
5. Auf einer bemehlten Fläche den Teig etwa 4 mm ausrollen. Darauf die Butter streichen und Zimtzucker darüber streuen.
6. Mit einem Messer oder Pizzaschneider 7x7 cm große Stücke schneiden.

7. Auf den Stücken die Äpfel verteilen.
8. Nun Quadrat auf Quadrat setzen, bis ein Turm von 6-7 Quadraten entstanden ist. Diese hochkant in eine gefettete Kastenform setzen, bis alle Quadrate aufgebraucht sind.
9. Abschließend etwa 30 Minuten backen.
10. Abkühlen lassen und aus der Form nehmen und abzupfen.

Avocado-Brötchen

Zubereitungszeit: 10 Minuten
Backzeit: 20 Minuten
Backtemperatur: 180°C

Zutaten:

- 250 g Mehl
- 50 g Leinsamen
- 70 g gemahlene Haselnüsse
- 45 g gehackte Pistazien
- 50 ml Kokosöl
- 3 EL Joghurt
- 2 Avocados
- Saft einer Zitrone
- 2 TL Natron

Zubereitung:

1. Mehl in einer Schüssel mit Leinsamen, Nüssen und Pistazien mischen.
2. Kokosöl erwärmen, etwas abkühlen lassen und dann zur Mehlmischung geben.
3. Joghurt dazugeben und alles gut verkneten.
4. Avocados halbieren, entkernen und Fruchtfleisch in eine Schüssel geben. Dieses mit einer Gabel zerdrücken.
5. Zitronensaft und Natron hinzufügen und alles zum Mehl geben.
6. Sehr gründlich verkneten.
7. Kleine Brötchen formen und auf ein Backblech mit Backpapier setzen.
8. Etwa 20 Minuten backen.

Baby-Ciabatta

Zubereitungszeit: 20 Minuten
Backzeit: 35 Minuten
Backtemperatur: 250°C

Zutaten für 1 Brot:

- 20 g frische Hefe
- 300 ml lauwarmes Wasser
- 500 g Weizenmehl Type 405 oder Dinkelmehl Type 630
- 3 EL Olivenöl

Zubereitung:

1. Hefe im Wasser auflösen. Mehl und Öl dazugeben und mit der Küchenmaschine gut durchkneten.
2. In eine Schüssel geben und 45 Minuten an einem warmen Ort gehen lassen.
3. Ein Backblech leicht einölen. Küchenhandtuch ausreichend bemehlen. Teig darauf stürzen.
4. Mit mehligen Händen den Teig zu einem Rechteck formen (35x25 cm). Anschließend weitere 10 Minuten gehen lassen.
5. Den Teig nun 1x von rechts, 1x von links auf etwa 1/3 übereinander klappen. So entstehen 3 Lagen Teig.
6. Mithilfe des Handtuchs den Teig auf das Backblech legen, 10 Minuten backen.
7. Dann die Hitze reduzieren auf 200°C und das Ciabatta ca. 20-25 Minuten zu Ende backen.

Bagels

Zubereitungszeit: 1 ½ Stunden
Backzeit: 25 Minuten
Backtemperatur: 200°C

Zutaten:

- 200 ml lauwarmes Wasser
- 1 Päckchen Trockenhefe
- 200 g Weizenmehl
- 200 g Dinkelmehl
- 1 Eigelb
- Nach Geschmack: Mohn, Sesam

Zubereitung:

1. Im Wasser die Hefe auflösen und ca. 5 Minuten gehen lassen.
2. Nach und nach das Mehl dazugeben. Dann 10 Minuten mit dem Handmixer oder der Küchenmaschine durchkneten.
3. Zugedeckt 1 Stunde an einem warmen Ort gehen lassen.
4. Aus dem Teig nun Kugeln formen. In die Kugeln ein Loch in die Mitte drücken und den Teig zu einem Ring auseinander ziehen.
5. Anschließend auf einem bemehlten Brett 20 Minuten gehen lassen.
6. In einem großen Topf Wasser erhitzen – nicht kochen. Bagels nacheinander ca. 5 Minuten im Wasser ziehen lassen. Dann abtupfen und auf eine Backblech mit Backpapier legen.
7. Eigelb mit wenig Wasser verquirlen und damit die Bagels bepinseln.
8. Nach Geschmack die Bagels mit Mohn oder Sesam bestreuen und auf mittlerer Schiene 25 Minuten backen.

Bananenbrot

Zubereitungszeit: 10 Minuten
Backzeit: 50 Minuten
Backtemperatur: 175°C

Zutaten für ein Kastenbrot:

- 3 sehr reife Bananen
- 2 Eier
- 200 g Dinkelmehl
- 100 g Dinkel-Vollkornmehl
- 1 Päckchen Backpulver
- 1 TL Zimt
- 50 ml Rapsöl
- 60 ml Milch
- 100 g Rosinen
- 50 g Kokosflocken

Zubereitung:

1. Bananen schälen und in einer Schüssel mit der Gabel grob zerdrücken.
2. Ei dazugeben und mit dem Handmixer verrühren.
3. Mehl in einer zweiten Schüssel mit Backpulver und Zimt mischen, Öl und Milch hinzufügen und mit der Bananenmischung sehr gut vermischen.
4. Rosinen und Kokosflocken untermischen.
5. In die gut gefettete oder mit Backpapier ausgelegte Kastenform den Teig einfüllen.
6. Anschließend auf mittlerer Schiene ca. 50 Minuten backen. Nach der Hälfte das Backzeit evtl. mit Alufolie abdecken, damit das Brot nicht zu dunkel wird.

Brot ohne Salz

Zubereitungszeit: 20 Minuten
Backzeit: 45 Minuten
Backtemperatur: 200°C

Zutaten für 1 Kastenbrot:

- 200 g Dinkel oder Weizen als Ganzes Korn – oder Vollkornmehl
- 300 g Dinkel- oder Weizenmehl
- 1 Würfel Hefe
- 50 ml Rapsöl
- 30 g Leinsamen
- 30 g Sonnenblumenkerne
- 300 ml lauwarmes Wasser

Zubereitung:

1. Die Körner fein mahlen (oder fertiges Mehl verwenden) und in eine große Schüssel geben.
2. Die restlichen Zutaten hinzufügen und mit den Knethaken des Handmixers sehr gut durchkneten.
3. Kastenform mit Backpapier auslegen, den Teig einfüllen und an einem warmen Ort etwa 45 Minuten gehen lassen.
4. Nun das Brot ca. 45 Minuten backen.
5. Das Brot kann in Scheiben hervorragend eingefroren werden.

Dinkelbrot

Zubereitungszeit: 10 Minuten
Backzeit: 1 Stunde
Backtemperatur: 175°C

Zutaten:

- 400 g Dinkelvollkornmehl
- 200 g Dinkelgrieß
- 3 gehäufte TL Backpulver
- 1 gehäufter TL Natron
- 500 ml Buttermilch

Zubereitung:

1. Mehl und Grieß in einer großen Schüssel mit Backpulver und Natron mischen.
2. Buttermilch dazugießen und zu einem Teig verkneten.
3. Kastenform mit Backpapier auslegen bzw. gut einfetten.
4. Anschließend den Teig einfüllen und backen. Nach ca. 30 Minuten den Teig mit Alufolie abdecken, damit das Brot nicht zu dunkel wird.
5. Anschließend das Brot noch wenige Minuten in der Form lassen. Nach dem ersten Abkühlen stürzen und komplett auskühlen lassen.

Joghurt-Brötchen

Zubereitungszeit: 15 Minuten
Backzeit: 25 Minuten
Backtemperatur: 180°C

Zutaten für 9-12 Brötchen:

- 150 ml sehr warmes Wasser
- 150 ml Milch
- ½ - 1 Würfel Hefe
- 600 g Dinkelmehl Type 630 oder Weizenmehl Type 550
- 150 g Joghurt

Zubereitung:

1. Wasser und Milch mischen und die Hefe darin auflösen. Etwa 5 Minuten stehen lassen.
2. In einer großen Schüssel Mehl, Hefemischung und Joghurt sehr gut verkneten.
3. Mit zwei nassen Esslöffeln Teiglinge abstechen und auf ein Backblech mit Backpapier setzen. Dann 20-25 Minuten backen.

Kreppel ohne Zucker

Zubereitungszeit: 10 Minuten
Backzeit: 10 Minuten
Backtemperatur: 180°C

Zutaten:

- 300 g Weizenmehl Type 405 oder 550
- 1 Ei
- 10 g Hefe
- 125 ml Mandelmilch oder Hafermilch
- 40 g Butter
- 5 Datteln

Zubereitung:

1. Mehl mit Ei und Hefe in eine Schüssel geben.
2. Milch erhitzen, Butter und Datteln dazugeben, bis die Butter geschmolzen ist. In einem hohen Mixbehälter die Masse pürieren und anschließend auf Handwärme abkühlen lassen.
3. Die Milchmischung zum Mehl geben und gut durchkneten.
4. Jetzt aus dem Teig kleine Kugeln rollen und diese abgedeckt an einem warmen Ort 1 Stunde gehen lassen.
5. Im Backofen 8-10 Minuten backen.
6. Die Kreppel können nach Geschmack ganz leicht mit Puderzucker bestäubt oder mit zerlassener Butter bepinselt werden.

Möhren-Flat-Bread

Zubereitungszeit: 10 Minuten
Backzeit: 25 Minuten
Backtemperatur: 180°C

Zutaten für 1 Backblech:

- 400 g Möhren
- 4 Eier
- 100 g Mandelmehl oder gemahlene Mandeln

Zubereitung:

1. Möhren schälen und in der Küchenmaschine sehr fein hacken. Alternative: Möhren per Hand sehr fein reiben.
2. Eier verquirlen und anschließend mit Möhren und Mandelmehl mischen.
3. Ein Backblech mit Backpapier belegen, Masse auf dem gesamten Blech ausbreiten und flachdrücken (ca. 3-5 mm hoch). Ränder mit Hilfe einer Teigkarte geraderücken.
4. Etwa 25 Minuten backen. Dann auskühlen lassen. Backpapier abziehen. Das „Brot" in Scheiben schneiden.

Quarkbrötchen

Zubereitungszeit: 20 Minuten
Backzeit: 15-20 Minuten
Backtemperatur: 175°C

Zutaten:
- 250 g Quark
- 280 g Dinkelmehl Type 1030
- 1 Päckchen Backpulver
- 1 Ei
- Optional Samen – Mohn, Sesam

Zubereitung:
1. Alle Zutaten bis auf die Samen in einer Schüssel mit einem Holzlöffel einige Minuten verkneten, bis sich der Teig vom Boden löst.
2. Aus dem Teig kleine Kugeln formen und auf ein Backblech mit Backpapier setzen. Nach Geschmack bestreuen.
3. Nun auf mittlerer Schiene goldgelb backen.

Saftiges Möhrenbrot

Zubereitungszeit: 15 Minuten
Backzeit: 80 Minuten
Backtemperatur: 170°C

Zutaten für eine Kastenform:

- 170 g Möhren
- 75 g Apfel
- 250 g Dinkelmehl
- 250 g Dinkelvollkornmehl
- 50 g Haferflocken
- 1 Packung Trockenhefe
- 350 ml lauwarmes Wasser – oder Apfelsaft
- 40 ml Rapsöl

Zubereitung:

1. Möhren und Apfel putzen und anschließend fein raspeln.
2. Mehle, Haferflocken und Hefe mischen. Wasser und Öl dazugeben und alles zu einem homogenen Teig verkneten.
3. Anschließend Möhren- und Apfelraspeln unter den Teig kneten.
4. Kastenform mit Backpapier belegen, Teig hineinfüllen und auf die vorletzte Schiene in den nicht vorgeheizten Backofen stellen. Dann anheizen, ca. 1 Stunde 10 Minuten backen. Nach 40 Minuten das Brot mit Backpapier bedecken. Danach ohne Backform nochmal 10-15 Minuten bei 180°C-200°C backen.
5. Evtl. verlängert sich die Backzeit, wenn Möhren und Apfel noch zu feucht sind.

Frühstück

Apfel-Gries-Waffeln ohne Zucker

Zubereitungszeit: 15 Minuten
Backzeit: 25 Minuten

Zutaten für ca. 8 Waffeln:

- 3 Äpfel – 450 g
- 200 g Dinkelmehl
- 200 g Dinkelgries
- Zimt
- 125 g geschmolzene Butter
- 75 ml Rapsöl
- 3 Eier
- 360 ml Milch oder Pflanzen- oder Nussmilch

Zubereitung:

1. Äpfel waschen und fein reiben.
2. Mehl, Gries und Zimt in einer Schüssel mischen.
3. Butter und Öl hinzufügen und unter Rühren die Eier nach und nach dazurühren.
4. Die Milch gründlich einrühren.
5. Äpfel unterheben.
6. Das eingefettete Waffeleisen vorheizen, den Teig einfüllen und auf mittlerer Stufe einige Minuten backen.

Banane im Pfannkuchenteig

Zubereitungszeit: 15 Minuten
Backzeit: 3 Minuten

Zutaten:

- 1 reife Banane
- Rapsöl für die Pfanne

Zutaten für den Pfannkuchenteig:

- 1 Eier – Gr. M
- 80 g Weizenmehl
- Vanillepulver
- 70 ml Milch

Zubereitung:

1. Banane schälen, in 8 Stücke teilen und zur Seite stellen.
2. Ei trennen. Eiweiß zu Eischnee schlagen. Eigelb in einer zweiten Schüssel mit Mehl, Vanillepulver und Milch zu einem glatten Teig rühren.
3. In einer Pfanne Rapsöl erhitzen. Anschließend die Temperatur herunterdrehen auf mittlere Hitze.
4. Die Bananenstücke nacheinander durch den Pfannkuchenteig ziehen, so dass sie komplett überzogen sind.
5. Dann von allen Seiten etwa 3 Minuten in der Pfanne braten, bis sie goldbraun sind.

Bananen-Pancakes

Zubereitungszeit: 15 Minuten

Zutaten für 3 Portionen:

- 1 reife Banane
- 2 Eier
- 1 EL Vollkornmehl
- Optional 3 EL Haferflocken
- Kokosöl – oder Raps- oder Sonnenblumenöl

Zubereitung:

1. Banane schälen und pürieren.
2. Eier und Mehl und evtl. Haferflocken dazugeben und gut verkneten.
3. In einer Pfanne mit Kokosöl die Pancakes auf kleiner Hitze ausbacken.

Bananen-Zucchini-Muffins

Zubereitungszeit: 25 Minuten
Backzeit: 20 Minuten
Backtemperatur: 175°C

Zutaten:

- 4 ungeschwefelte Datteln
- 1 kleine Zucchini
- 2 sehr reife Bananen
- 2 Eier
- 150 g Mehl
- ½ Päckchen Backpulver
- 50 ml Kokosöl oder Rapsöl

Zubereitung:

1. Datteln in etwas Wasser einweichen. 1 Stunde stehen lassen.
2. Zucchini fein in eine Schüssel reiben.
3. Bananen dazugeben und pürieren.
4. Datteln mit Wasser hinzufügen und alles fein pürieren.
5. Eier, Mehl, Backpulver und Kokosöl dazu und einen Muffinteig rühren.
6. Mulden im Muffinblech mit Papierförmchen auslegen, Teig hineinfüllen und im Backofen backen.

Birchermüsli

Zubereitungszeit: 10 Minuten

Zutaten für 3 Portionen:

- 60 g ungeschälte Mandeln
- 40 g zarte Haferflocken
- 1 Apfel
- 1 Banane
- 150 g Joghurt
- 100 g Trauben
- 70 g Blaubeeren
- 50 g Himbeeren

Zubereitung:

1. Im Mixer die Mandeln fein schreddern.
2. Haferflocken dazugeben.
3. Apfel waschen, vierteln und das Kerngehäuse entfernen. Anschließend in groben Stücken zu den Mandeln geben und alles pürieren.
4. Banane schälen und in Stücken mit dem Joghurt zum Püree geben und pürieren.
5. Trauben waschen und halbieren.
6. Trauben und Beeren nun mit dem Püree mischen.

Dinkelstangen ohne Zucker

Zubereitungszeit: 15 Minuten
Backzeit: 30 Minuten
Backtemperatur: 200°C

Zutaten für 2 Backbleche:

- 3 Möhren
- ½ Apfel
- 3 Bananen
- 125 g weiche Butter
- 500 g Dinkelmehl

Zubereitung:

1. Möhren und Apel schälen und fein reiben.
2. Bananen schälen, mit der Gabel zerdrücken und zur Möhrenmasse geben.
3. Butter und Mehl dazugeben und zu einem geschmeidigen Teig verkneten.
4. Aus dem Teig kleine Stangen formen.
5. Diese auf ein mit Backpapier belegtes Backblech legen und im vorgeheizten Ofen backen.

Frühstückspizza

Zubereitungszeit: 15 Minuten
Backzeit: 10 Minuten
Backtemperatur: 200°C

Zutaten für 2 Erwachsene und 2 Kinder

- 100 g Haferflocken oder Vollkornflocken
- 1 TL Leinsamen
- 200g Obstmus nach Wahl
- 1 EL Wasser
- Naturjoghurt
- Obst der Saison

Zubereitung:

1. Haferflocken und Leinsamen mischen.
2. Obstmus und Wasser dazugeben, vermischen und ca. 5 Minuten quellen lassen.
3. Auf ein Backblech mit Backpapier den Teig zu einer Pizza formen, dann backen.
4. Nun noch mit Joghurt bestreichen und mit Obst belegen.

Frühstückswaffeln

Zubereitungszeit: 15 Minuten
Backzeit: 25 Minuten

Zutaten für 8-9 Waffeln:

- 100 g saure Sahne
- 100 ml Milch – 3,8%
- 4 Eier
- 50 ml Rapsöl
- 250 g Dinkelmehl
- 1 TL Backpulver
- 75 g geriebener Käse
- ½ Bund Schnittlauch
- 40 g getrocknete Tomaten in Öl

Zubereitung:

1. Sahne, Milch, Eier und Rapsöl in einer großen Schüssel schaumig schlagen.
2. Mehl und Backpulver unterrühren, bis ein glatter Teig entstanden ist.
3. Schnittlauch fein schneiden.
4. Tomaten klein würfeln.
5. Käse, Schnittlauch und Tomaten in den Teig rühren.
6. Im Waffeleisen ca. 5 Minuten backen. Die Waffeln stapeln oder im Backofen bei 100°C warmhalten.

Haferbrei-Porridge mit Apfel

Zubereitungszeit: 10 Minuten

Zutaten:

- 200 ml Vollmilch
- 3 gehäufte EL zarte Haferflocken
- 1 Apfel

Zubereitung:

1. Milch und Haferflocken in einem kleinen Topf zum Kochen bringen.
2. Apfel hineinreiben, in Schälchen füllen und servieren.

Haferflocken-Muffins

Zubereitungszeit: 5 Minuten
Backzeit: 15 Minuten
Backtemperatur: 180°C

Zutaten für 8 Stück:

- 2 reife Bananen
- 60 g zarte Haferflocken
- 1 Msp. Vanillepulver
- 1 TL Backpulver
- 100 g Beeren – Heidelbeeren, Himbeeren o.ä.

Zubereitung:

1. Bananen schälen und mit der Gabel zerdrücken.
2. Haferflocken, Vanille und Backpulver untermischen, Beeren vorsichtig unterheben.
3. Muffinform mit Papierförmchen bestücken, Teig einfüllen und backen.

Overnight-Oat

Zubereitungszeit: 5 Minuten
Ruhezeit: Mind. 5 Stunden – besser eine Nacht

Zutaten:

- 2 EL Apfelmus ohne Zucker
- 1 Tasse zarte Haferflocken
- 1 TL ungeschwefelte Rosinen
- 100 ml Vollmilch

Zubereitung:

1. In ein Schraubglas zunächst das Apfelmus, dann Haferflocken und Rosinen füllen. Mit der Milch bedecken.
2. Das Glas im Kühlschrank mindestens 5 Stunden, besser über Nacht durchweichen lassen.

Süßkartoffelhörnchen

Zubereitungszeit: 15 Minuten
Backzeit: 20 Minuten
Backtemperatur: 180°C

Zutaten für 24 Hörnchen:

- 1 Süßkartoffel – ca. 300 g
- 150 ml Milch – oder Pflanzen- oder Nussmilch
- 50 g Butter
- 350 g Dinkelmehl Type 630
- 150 g Dinkelvollkornmehl
- 2 Eier
- 1 Packung Trockenhefe

Zubereitung:

1. Süßkartoffel schälen und in 1 cm große Stücke zerteilen.
2. Mit etwas Wasser gar kochen, dann zu Püree zerstampfen. Zum schnelleren Abkühlen auf einen Teller geben.
3. Milch und Butter erwärmen, bis dass die Butter schmilzt. Etwas abkühlen lassen.
4. Dann in einer Schüssel mit Mehl, Eier und Hefe verkneten.
5. Das Kartoffelpüree portionsweise dazugeben.
6. Etwa 5 Minuten zu einem geschmeidigen Hefeteig kneten. Anschließend an einem warmen Ort ca. 1 Stunde ruhen lassen.
7. Danach den Teig halbieren, auf einer bemehlten Fläche kreisrund ausrollen und die Oberfläche mit Mehl bestäuben.
8. Mit einem scharfen Messer oder einem Pizzaschneider in 12 Pizzastücke schneiden. Die Dreiecke von der breiten Seite aufrollen und auf einem Backblech mit Backpapier setzen.
9. Eventuell noch mit Eigelb oder Milch bestreichen, dann backen.

Snacks

Avocado-Pommes

Zubereitungszeit: 20 Minuten

Zutaten:

- 1-2 Avocados
- 1 Ei
- 2 EL Mehl
- 3-4 EL Semmelbrösel
- 4 EL Rapsöl

Zubereitung:

1. Avocados halbieren, entkernen und in etwa 1 cm dicke Spalten schneiden.
2. Ei auf einem Teller verquirlen. Auf zwei weitere Teller Mehl und Semmelbrösel streuen.
3. Die Avocado Spalten zuerst in Mehl, dann in Ei und dann in Semmelbröseln wenden.
4. In einer Pfanne Rapsöl erhitzen. Die Spalten darin 3-4 Minuten pro Seite ausbacken.

Baby-Kekse

Zubereitungszeit: 15 Minuten
Backzeit: 20 Minuten
Backtemperatur: 175°C

Zutaten für ca. 35 Kekse:

- 230 g Dinkelmehl
- 1 TL Backpulver
- 80 g zarte Haferflocken
- ¼ TL Vanillepulver
- 1 Apfel
- 100 ml Mandelmilch oder Pflanzenmilch
- 50 ml Rapsöl
- 1 Ei
- 80 g Blaubeeren

Zubereitung:

1. Mehl, Backpulver, Haferflocken und Vanillepulver in einer großen Schüssel mischen.
2. Apfel waschen und mit der Schale grob reiben.
3. In einer anderen Schüssel Milch, Öl und Ei vermengen.
4. Nun den geriebenen Apfel und nach und nach die trockenen Zutaten untermischen.
5. Vom Teig mit einem Esslöffel Kleckse auf ein Backblech mit Backpapier verteilen. Dasselbe mit einem zweiten Backblech machen. Dann nacheinander jeweils ca. 20 Minuten backen.

Bananen-Müsliriegel

Zubereitungszeit: 10 Minuten
Backzeit: 30 Minuten
Backtemperatur: 175°C

Zutaten für 30 Stück:

- 180 g Kokosöl
- 1 Ei
- 1 kleine reife Banane
- Zimt
- 100 g getrocknete Feigen
- 200 g zarte Haferflocken
- 100 g gemahlene Haselnüsse

Zubereitung:

1. Kokosöl schmelzen und anschließend abkühlen lassen.
2. Ei und zerdrückte Banane unterrühren. Mit Zimt würzen.
3. Feigen klein würfeln.
4. Die gewürfelten Fegen zusammen mit den Haferflocken und den Nüssen zur Bananenmasse geben und gut verrühren. Es ergibt eine kompakte Masse.
5. Backblech mit Backpapier auslegen. Darauf die Masse zu einem Rechteck von etwa 30x28 cm verteilen (ca. 3-5 mm dick). Dann backen.
6. Im noch warmen Zustand anschließend zu 30 Riegeln zurechtschneiden.

Brokkoli-Couscous-Laibchen

Zubereitungszeit: 20 Minuten

Zutaten:

- 1 Brokkoli – ca. 500 g
- 1 Tasse Couscous
- 1 EL salzarme Gemüsebrühe
- 1 Zwiebel
- etwas Butter
- ½ Tasse Semmelbrösel
- 2 Eier
- 1-2 Tassen geriebenen Gouda
- Rapsöl

Zubereitung:

1. Brokkoliröschen kochen bis zum Garpunkt. Anschließend abgießen und abkühlen lassen.
2. Couscous mit 2 Tassen heißem Wasser übergießen.
3. Brühe dazugeben und 10 Minuten ziehen lassen. Währendessen ein paar Mal umrühren.
4. Zwiebeln klein würfeln, in Butter andünsten und zur Seite stellen.
5. Brokkoli in eine Schüssel bröseln, Couscous, Zwiebeln, Semmelbrösel, Eier und Käse dazugeben und gut mischen. Es soll eine feuchte Masse entstehen.
6. Kugeln formen, in Öl beidseitig einige Minuten braten.

Gefüllte Hackfleisch-Brötchen

Zubereitungszeit: 20 Minuten
Backzeit: 20 Minuten
Backtemperatur: 200°C

Zutaten für 16 Brötchen:

- 1 Packung Trockenhefe
- 60 ml lauwarmes Wasser
- 2 Eier
- 250 g Quark oder Schmand
- 200 g Dinkelvollkornmehl
- 370 g Dinkelmehl
- 500 g gemischtes Hackfleisch
- 2 EL Rapsöl
- Paprika edelsüß

Zubereitung:

1. Hefe im Wasser auflösen.
2. Eier, Quark und Mehle in einer Schüssel mischen.
3. Hefewasser dazugeben und sehr gut verkneten. An einem warmen Ort ca. 1 Stunde gehen lassen.
4. In einer Pfanne mit Rapsöl das Hackfleisch mit Paprika mischen. Dann gut durchbraten.
5. Backblech mit Backpapier auslegen. Teig solange halbieren, bis man 16 Stücke hat. Jedes Stück kreisrund ca. 10-12 cm Ø ausrollen und mit je 1 Esslöffel Hack füllen, dann zu einer Kugel verschließen.
6. Mit der Naht nach unten auf das Backblech setzen, ggf. mit Milch oder Eigelb einpinseln und backen.

Gemüsechips

Zubereitungszeit: 15 Minuten
Backzeit: 25 Minuten
Backtemperatur: 180°C

Zutaten:

- Gemüse der Saison – Möhren, Rote Bete, Süßkartoffeln, Zucchini o.ä.
- 1 TL Olivenöl
- Nach Geschmack Kräuter – Petersilie, Schnittlauch o.ä.

Zubereitung:

1. Gemüse waschen, schälen, in dünne Scheiben schneiden. Öl und Kräuter dazugeben und kräftig umrühren.
2. Backblech mit Backpapier auslegen, Chips darauf verteilen, 10 Minuten backen, dann wenden und nochmal 10-15 Minuten backen.
3. Nach dem Auskühlen hat man gesunde Chips!

Grissini

Zubereitungszeit: 30 Minuten
Backzeit: 20 Minuten
Backtemperatur: 200°C

Zutaten für 24 Stück:

- 250 g Dinkelmehl
- 1 Prise Salz
- ½ Packung Trockenhefe
- 150 ml lauwarmes Milchwasser – ½ Milch + ½ Wasser
- 1 EL Olivenöl

Zubereitung:

1. In einer Schüssel Mehl, Salz und Hefe mischen.
2. Milchwasser und Öl dazugeben und zu einem glatten Teig verkneten. Etwa 1 Stunde zugedeckt bei Zimmertemperatur gehen lassen.
3. Teig in 4 Stücke teilen, dann diese jeweils nochmal in 6 Portionen teilen.
4. Aus den Teiglingen ca. 1 cm dicke Grissini formen.
5. Zwei Backbleche mit Backpapier auslegen, die Grissini verteilen. Mit etwas Wasser bepinseln und ca. 15 Minuten gehen lassen.
6. Danach im vorgeheizten Ofen backen.
7. Au dem Ofen nehmen und auskühlen lassen.

Grüne Pfannkuchen

Zubereitungszeit: 5 Minuten
Backzeit: 25 Minuten

Zutaten für 4-5 Crêpes:

- 5 Eier
- 500 ml Milch oder Pflanzen- oder Nussmilch
- 150 g Reismehl oder Vollkornreismehl
- 2-3 Handvoll Blattspinat
- 5 TL Rapsöl

Zubereitung:

1. Alle Zutaten im Mixer zu einem dünnen Teig pürieren. Diesen ca. 30 Minuten bei Zimmertemperatur ruhen lassen.
2. Pro Pfannkuchen 1 TL Öl in einer Pfanne erhitzen, die Pfanne gut auspinseln.
3. Pfannkuchen bei mittlerer Hitze je 4 Minuten pro Seite sehr langsam backen, so reißen die Crêpes beim Wenden nicht.

Herzhafte Hackfleisch-Waffeln

Zubereitungszeit: 15 Minuten
Backzeit: 20 Minuten

Zutaten für 6 Waffeln:

- 1 kleine Zwiebel
- 1 Knoblauchzehe
- 1 EL Rapsöl
- 175 g gemischtes Hackfleisch
- 2 große Eier – Gr. M
- 200 ml Milch
- 230 g Dinkelvollkornmehl
- 2 TL Backpulver
- Gewürze nach Geschmack
- 50 ml kohlensäurehaltiges Mineralwasser
- 6 fein gewürfelte Cocktailtomaten
- Frischer Schnittlauch

Zubereitung:

1. Zwiebeln und Knoblauch schälen. Anschließend fein würfeln.
2. Das Öl erhitzen und zusammen mit dem Hackfleisch und den Zwiebeln und Knoblauch scharf anbraten.
3. Eier und Milch verquirlen.
4. Mehl, Backpulver und Gewürze untermischen, dann das Wasser unterrühren.
5. Hackfleisch, Tomaten und Schnittlauch dazugeben und gut verrühren.
6. Portionsweise im Waffeleisen ausbacken.

Kartoffelwaffeln

Zubereitungszeit: 25 Minuten
Backzeit: 25 Minuten

Zutaten für 6 Waffeln:

- 400 g Kartoffeln
- ½ kleine Zwiebel
- 3 Eier
- 40 g geriebenen Käse
- 25 g Speisestärke
- 70 g Dinkelmehl
- 100 ml Sahne
- Nach Wahl Estragon, Majoran, Thymian

Zubereitung:

1. Kartoffeln schälen, würfeln und nicht zu weich kochen. Danach zu einem nicht zu feinen Kartoffelbrei zerstampfen.
2. Zwiebel schälen, fein würfeln und zusammen mit dem Käse und den Eiern zu den Kartoffeln geben.
3. Nun Speisestärke, Mehl und Sahne zum Kartoffelteig hinzufügen und alles gründlich verrühren.
4. Nach Geschmack Kräuter dazugeben.
5. Im gut eingebutterten Waffeleisen die Waffeln etwa 5-6 Minuten backen.

Kürbiswölkchen

Zubereitungszeit: 10 Minuten
Backzeit: 20 Minuten
Backtemperatur: 175°C

Zutaten:

- 250 g Kürbisstücke
- 120 g zarte Haferflocken
- 200 g Frischkäse Natur
- 100 g Maismehl
- 1 TL Backpulver
- 50 g Butter
- Thymian

Zubereitung:

1. Kürbis vorgaren und mit der Gabel zerdrücken.
2. Nun Haferflocken, Frischkäse, Mehl und Backpulver hinzufügen und vermischen.
3. Butter in kleinen Flöckchen und etwas Thymian dazugeben. Anschließend zu einem homogenen Teig verkneten.
4. Mit leicht feuchten Händen aus dem Teig kleine Kugeln formen und auf ein Backblech mit Backpapier setzen.
5. Anschließend die Kürbiswölckchen ca. 20 Minuten backen.
6. Die Wölkchen sind nach dem Backen noch relativ weich, sie werden beim Auskühlen fester.

Möhren-Muffins

Zubereitungszeit: 15 Minuten
Backzeit: 30 Minuten
Backtemperatur: 175°C

Zutaten für 12 Stück:

- 1 Ei
- 100 ml Raps- oder Sonnenblumenöl
- 200 ml Buttermilch
- 100 g Dinkelmehl
- 300 g gemahlene Haselnüsse
- 2 TL Backpulver
- 1 TL Natron
- 1 TL Zimt
- 250 g Möhren
- 1 kleiner Apfel

Zubereitung:

1. Ei, Öl und Buttermilch in einer großen Schüssel schaumig rühren.
2. In einer zweiten Schüssel Mehl, Haselnüsse, Backpulver, Natron und Zimt mischen. Die Mischung nach und nach zur Milchmischung geben und verrühren.
3. Möhren und Apfel waschen, putzen und raspeln. Unter den Teig mischen.
4. Muffinform mit Papierförmchen auslegen, Teig hineinfüllen und im vorgeheizten Backofen ca. 30 Minuten backen.

Möhren-Reis-Joghurt

Zubereitungszeit: 15 Minuten

Zutaten:

- 100 g Reis
- 1 Apfel
- 2 Möhren
- 100 g Vollmilch-Joghurt

Zubereitung:

1. Zunächst den Reis kochen. Dann auskühlen lassen.
2. Apfel und Möhren schälen und beides sehr fein in den Joghurt raspeln.
3. Den Reis unterrühren.
4. Je nach Vorliebe und Alter des Babys kann die Masse noch püriert werden.

Obstlutscher

Zubereitung: 5 Minuten

Zutaten:

- Obst nach Wahl – Kiwi, Melone, Mango o.ä.
- Lolli-Sticks oder kurze Strohhalme

Zubereitung:

1. Obst schälen, ggf. entkernen. In ½ bis 1 cm dicke Scheiben schneiden.
2. Nun die Stücke auf die Sticks oder Strohhalme spießen. Die Nascherei ist fertig.
3. Die Obstlutscher lassen sich auch gut einfrieren und als Eis servieren.

Obstriegel

Zubereitungszeit: 15 Minuten

Zutaten:

- 250 g ungeschwefelte Trockenfrüchte nach Wahl
- 100 g Haferflocken oder ungesüßte Cornflakes
- 75 ml reiner Fruchtsaft –Apfel, Orange, Traube o.ä.
- Backoblaten

Zubereitung:

1. Früchte und Haferflocken/Cornflakes mit dem Fruchtsaft in der Küchenmaschine zu einer feinen Masse verarbeiten.
2. Je eine Oblate mit der Masse bestreichen, mit einer anderen Oblate bedecken. Sind alle Oblaten gefüllt, legt man sie übereinander und beschwert sie, damit sie zusammenkleben, ohne zu wellen.
3. Die Riegel halten sich kühl gelagert einige Zeit. Sie können auch auf Vorrat gemacht und eingefroren und je nach Bedarf aufgetaut werden.

Panierte Zucchini mit Knusperpanade

Zubereitungszeit: 10 Minuten
Backzeit: 15 Minuten

Zutaten für 1 Erwachsenen und 1 Kind:

- 1 Zucchini – ca. 180 g
- 3 EL Mehl
- 2 große Eier
- 5 EL Vollkornbrösel
- 5 EL Pop Brösel – oder Semmelbrösel
- 40 g Parmesan
- 6 EL Rapsöl
- ½ Becher Schmand
- Getrockneter Thymian

Zubereitung:

1. Zucchini waschen, Enden entfernen und in etwa ½ cm dicke Scheiben schneiden.
2. Drei tiefe Teller zum Panieren vorbereiten.
   1. Teller= Mehl, 2. Teller= verquirlte Eier, 3. Teller= Bröselmischung und geriebener Parmesan.
3. Zucchinischeiben nacheinander in den Tellern wenden.
4. Nun in reichlich Öl -2 EL je Bratdurchgang- erst 1 Minute heiß braten, dann Hitze reduzieren und weitere 4 Minuten braten, dann wenden und nochmal 5 Minuten braten.
5. Zu den Zucchini-Frikadellen gibt es Schmand mit Thymian als Dip.

Suppen zum Trinken

Frische Tomatensuppe

Zubereitungszeit: 30-40 Minuten

Zutaten:

- 1 mittelgroße Zwiebel
- 1 kg Fleischtomaten
- 1 EL Olivenöl
- 1 EL Butter
- 2 Knoblauchzehen
- 1 TL brauner Zucker
- 2 EL Schlagsahne

Zubereitung:

1. Zwiebel schälen und fein hacken. Tomaten hacken, den Stielansatz entfernen.
2. Olivenöl und Butter in einem Topf erhitzen. Zwiebeln darin glasig anschwitzen. Tomaten dazugeben. Knoblauch hineinpressen. Abschließend Zucker dazugeben.
3. Gut umrühren und etwa 20 Minuten köcheln lassen. Danach pürieren, Sahne hineinrühren und kurz aufkochen lassen.

Einlage: Man kann die Suppe noch mit Suppennudeln, Reis, klein geschnittenem Mozzarella und Basilikum verfeinern.

Die Suppe kann auch ohne Sahne zubereitet werden. Allerdings nimmt sie der Suppe etwas Säure.

Gazpacho

Zubereitungszeit: 60 Minuten

Zutaten für 3-4 Portionen:

- 2 rote Paprika – ca. 300 g
- 1 mittelgroße Gurke
- 1 Frühlingszwiebel
- 4 mittelgroße Rispen-Tomaten
- 1 Stück Weißbrot
- 4-5 ml lauwarmes Wasser
- 1 EL Olivenöl

Zubereitung:

1. Paprika waschen, halbieren und Kerne sowie die weißen Innenhäute entfernen.
2. Gurke schälen, längs halbieren und ebenfalls die Kerne entfernen.
3. Sowohl von der Paprika, als auch der Gurke etwa ¼ sehr klein, den Rest grob würfeln.
4. Zwiebel schälen und in kleine Stücke schneiden.
5. Tomaten waschen und in Stücke schneiden.
6. Weißbrot entrinden und im Wasser einweichen.
7. Gemüse, Brot und Öl im Mixer fein mixen.
   Ist die Suppe zu dick, noch etwas Wasser dazugeben. Nun 1 Stunde kalt stellen.

Erwachsene schmecken die Suppe noch mit Salz, Pfeffer und Zucker ab.

Gemüsebrühe – ohne Salz

Zubereitungszeit: 75 Minuten

Zutaten:

- Etwa 3 kg gemischtes Gemüse – Möhren, Sellerie, Lauch, Zwiebeln, Kräuter, Knoblauch, Lorbeerblatt, Pfefferkörner
- 5-7 Liter Wasser

Zubereitung:

1. Die Zutaten waschen und klein schneiden und in einem großen Topf einmal aufkochen lassen. Danach 1 ½ Stunden bei kleiner Hitze köcheln lassen.
2. Durch eine Sieb abseihen, abkühlen lassen und in Schraubgläser abfüllen.
3. Gemüsereste pürieren und als Breibasis einfrieren.

Zum Einkochen wird die Brühe heiß in Gläser abgefüllt.

Grüner Smoothie

Zubereitungszeit: 10 Minuten

Zutaten:

- ½ geschälte Mango
- 2 kleine geschälte Möhren
- 1 Handvoll Spinat
- 50 ml Bio-Apfelsaft

Zubereitung:

1. Mango grob würfeln.
2. Karotten schälen und in dünne Scheiben schneiden.
3. Mango, Karotten, Spinat und Apfelsaft in einem hohen Gefäß mit dem Pürierstab mixen.
4. In einem kleinen Topf leicht erhitzen. Dann lauwarm servieren.

Kalte Avocado-Gurken-Suppe

Zubereitungszeit: 20 Minuten

Zutaten für 2 Portionen:

- 1 Gurke – 400 g
- ½ Avocado
- ¼ Zwiebel
- 50 ml Joghurt
- 1 EL Olivenöl

Zubereitung:

1. Gurke schälen und in Stücke schneiden.
2. Avocado der Länge nach halbieren, entsteinen, Fruchtfleisch aus der Schale lösen.
3. Anschließend die Avocado zusammen mit der Gurke, dem Joghurt und dem Öl in einen Mixer geben.
4. Alles gut durchmixen. Babyportion in eine Schale abfüllen und servieren.

Für Erwachsene die Suppe noch würzen, evtl. noch 1 Stunde kalt stellen und mit Walnüssen verzieren.

Karotten-Kokos-Kurkuma-Suppe

Zubereitungszeit: 25 Minuten

Zutaten für 2 Portionen:

- ½ Zwiebel
- 4 Karotten
- 1 EL Butter
- 200 ml selbstgemachte Gemüsebrühe
- 150 ml Kokosmilch
- 1 Prise Kurkuma

Zubereitung:

1. Zwiebel schälen und klein stückeln.
2. Karotten waschen, schälen und in kleine Stücke schneiden.
3. In einem Topf die Butter zerlassen und darin Zwiebeln und Karotten leicht anrösten lassen. Anschließend mit der Brühe ablöschen und etwa 10 Minuten köcheln lassen.
4. Sind die Karotten weich, die Milch und Kurkuma dazugeben und fein pürieren, bis die Suppe cremig ist. Dem Baby lauwarm servieren.

Erwachsene würzen die Suppe nach Belieben mit Pfeffer, Salz und evtl. mehr Kurkuma.

Kartoffel-Rosenkohl-Suppe

Zubereitungszeit: 30 Minuten

Zutaten für 1 Erwachsenen und 1 Baby:

- 150 g Rosenkohl
- 150 g mehlig kochende Kartoffeln
- ½ Zwiebel
- 1 EL Butter
- ½ Liter Gemüsebrühe – selbstgemacht
- 1 EL Sahne

Zubereitung:

1. Rosenkohl putzen und den Strunk entfernen.
2. Kartoffeln schälen, waschen und grob würfeln.
3. Zwiebel schälen und fein würfeln.
4. In einem Topf die Butter zerlassen und darin Rosenkohl, Kartoffeln und Zwiebel andünsten. Anschließend mit Brühe ablöschen. Kurz aufkochen, dann 20 Minuten zugedeckt köcheln lassen.
5. Sahne dazugeben, alles fein pürieren. Auskühlen lassen und dem Baby lauwarm servieren.

Erwachsene können die Suppe noch mit gebratenem Speck, mehr Schlagsahne und Salz und Pfeffer verfeinern.

Kartoffelsuppe

Zubereitungszeit: 30 Minuten

Zutaten für 3 Portionen:

- 1 kleine Zwiebel
- 1 TL Öl
- 3 große Möhren
- 4 mittelgroße mehlig kochende Kartoffeln
- Etwas Petersilie
- Wasser nach Bedarf
- Evtl. Creme fraîche

Zubereitung:

1. Zwiebel schälen und fein würfeln. Dann mit Öl in einem kleinen Topf glasig andünsten.
2. Möhren und Kartoffeln schälen, würfeln und zu den Zwiebeln geben.
3. Petersilie dazugeben und mit Wasser aufgießen, so dass das Gemüse bedeckt ist. Aufkochen lassen, dann etwa 20 Minuten köcheln lassen.
4. Danach mit dem Stabmixer pürieren, bis eine sämige Suppe entstanden ist.
5. Beim Servieren evtl. mit einem Klecks Creme fraîche verfeinern.

Ohne Zwiebel und Salz ist die Suppe auch für ganz kleine Babys geeignet.

Kohlrabi-Gemüse-Suppe

Zubereitungszeit: 25 Minuten

Zutaten für 2 Erwachsene und 1 Baby:

- ½ Zwiebel
- 1 Kohlrabi
- ½ kleiner Hokkaido-Kürbis
- 1 EL Olivenöl
- ½ Liter selbstgemachte Gemüsebrühe
- 50 ml Kokosmilch
- 2 EL Sahne

Zubereitung:

1. Zwiebel schälen und klein stückeln.
2. Kohlrabis und Kürbis waschen. Schale vom Kohlrabi entfernen. Kürbis und Kohlrabi in kleine Stücke schneiden.
3. In einem Topf Öl erhitzen und die Zwiebeln darin glasig andünsten.
4. Das Gemüse dazugeben und bei mittlerer Hitze mitdünsten.
5. Brühe, Kokosmilch und Sahne dazugeben und alles fein pürieren.
6. Abkühlen lassen und dem Baby lauwarm servieren.

Erwachsene können die Suppe noch mit Pfeffer und Salz würzen.

Kürbissuppe mit Mandeln und Orangen

Zubereitungszeit: 35 Minuten

Zutaten für 2 Erwachsene und 1 Baby:

- 700 ml Wasser
- 1 mittelgroße Zwiebel
- 2 EL Rapsöl
- 700 g Butternusskürbis
- ½ TL ganzen Kreuzkümmel
- ¼ TL ganzen Kümmel
- ¾ TL ganzen Koriander
- 15 g geschälte Mandeln
- 2 Knoblauchzehen
- Saft einer Bio-Orange

Zubereitung:

1. Im Wasserkocher das Wasser zum Kochen bringen.
2. Zwiebel schälen und fein würfeln. In einem Topf das Öl erhitzen und die Zwiebeln darin glasig anschwitzen. Immer wieder umrühren, damit nichts anbrennt.
3. Kürbis gut waschen und in etwa 2 cm große Würfel schneiden.
4. Kreuzkümmel, Kümmel und Koriander mahlen und mit den Zwiebeln kurz anrösten.
5. In einem zweiten Topf die Kürbisstücke und Mandeln mit einem Teil des kochenden Wassers übergießen, so dass der Kürbis gerade bedeckt ist. Etwa 10 Minuten bei geschlossenem Deckel köcheln lassen, bis der Kürbis weich ist.
6. Nun den Knoblauch schälen und fein hacken. Zum Kürbis geben, kurz bevor er weich ist.

7. Nun alle Zutaten zusammen mit dem Stab- oder Standmixer pürieren, das restliche Waser dazugießen und am Ende mit Orangensaft verfeinern.

Maronensuppe

Zubereitungszeit: 25 Minuten

Zutaten für 2 Erwachsene und 1 Baby:

- ½ Zwiebel
- 1 EL Butter
- 300 g geschälte und gekochte Maronen
- 600 ml Gemüsebrühe – selbstgemacht
- 100 ml Sahne
- 100 ml Milch

Zubereitung:

1. Zwiebel schälen und fein hacken. In einem Topf die Butter erhitzen und die Zwiebeln darin glasig andünsten.
2. Maronen fein hacken und zu den Zwiebeln geben.
3. Mit Brühe auffüllen. Etwa 15 Minuten bei kleiner Hitze kochen lassen, bis die Maronen weich sind.
4. Sahne und Milch dazugießen und nochmal 5 Minuten köcheln lassen. Danach fein pürieren.
5. Die Babyportion lauwarm servieren.

Erwachsene können ihre Suppe noch mit Pfeffer und Salz würzen.

Paprikasuppe

Zubereitungszeit: 25 Minuten

Zutaten:

- ½ Zwiebel – ca. 50 g
- 2 Paprika
- 1 Tomate
- 1 EL Butter
- 300 ml Wasser

Zubereitung:

1. Zwiebel schälen und grob würfeln.
2. Paprika und Tomate waschen. Paprika entkernen und mit der Tomate in Stücke schneiden.
3. Butter in einem Topf zerlassen und darin die Zwiebelstücke etwa 3 Minuten andünsten.
4. Paprika und Tomate dazugeben, weitere 2 Minuten dünsten.
5. Wasser dazugießen und für 10 Minuten kochen lassen. Dabei gelegentlich umrühren.
6. Danach alles pürieren. Die Portion für das Baby in eine Schale abfüllen und auf Zimmertemperatur abkühlen lassen.

Die Suppe für Erwachsene mit Pfeffer und Salz abschmecken, evtl. mit gekrümeltem Feta und Basilikum verfeinern.

Pfirsich-Tomaten-Suppe

Zubereitungszeit: 60 Minuten

Zutaten für 2 Erwachsene und 1 Baby:

- Wasser nach Bedarf
- 600 g große gelbe Tomaten
- 3 Pfirsiche
- Frischer Ingwer
- 300 ml Gemüsebrühe – evtl. selbstgemacht
- 1 Schuss Sahne

Zubereitung:

1. Wasser in einem großen Topf zum Kochen bringen.
2. Tomatenhäute kreuzweise einschneiden, ca. 20 Sekunden ins Wasser geben. Danach in kaltem Wasser abkühlen.
3. Pfirsiche kreuzweise einschneiden, ½ Minuten blanchieren. Danach in kaltem Wasser abkühlen lassen.
4. Häute von Tomaten und Pfirsichen abziehen. Das Fruchtfleisch in kleine Stücke schneiden und mit einem Hauch Ingwer, der Brühe und einem Schuss Sahne in einem hohen Gefäß fein pürieren.
5. Babyportion abfüllen und bei Zimmertemperatur servieren, evtl. ein paar Kugeln Mozzarella als Fingerfood dazu reichen.

Für die Erwachsenen noch Zitronensaft unterrühren, ½ Stunde kalt stellen, dann in Schalen füllen und nach Geschmack dekorieren – Mozzarellakugeln oder Minzeblättchen.

Rote Bete-Kokossuppe

Zubereitungszeit: 40 Minuten

Zutaten für 4 Erwachsene und 2 Babys:

- 1 Kg Rote Bete
- 600 ml Wasser
- 1 EL Kreuzkümmel
- 1 TL geriebene Schale einer BIO-Orange
- 250 ml Kokosmilch
- 1 TL Suppenwürze

Zubereitung:

1. Rote Bete schälen und in etwa 1 cm große Würfel schneiden. Dann mit der Hälfte des Wassers in einen Topf geben.
2. Kümmel mahlen und mit dem Orangenabrieb zu der Roten Bete geben. Dann kochen bis die Rote Bete weich ist.
3. Nun pürieren. Die Kokosmilch, das restliches Wasser und Suppenwürze dazugeben und noch einmal pürieren und kurz aufkochen lassen.

Einlage: Es passen hervorragend Polenta oder getrocknete Brotstücke ohne Rinde.

Spinat-Kartoffel-Suppe

Zubereitungszeit: 35 Minuten

Zutaten für 4 Portionen:

- 200 g Spinat
- ½ Bio-Orange
- 1 Zwiebel
- 2 Knoblauchzehen
- 1 EL Olivenöl
- 600 g mehlig kochende Kartoffeln
- 1 Liter Gemüsebrühe – selbstgemacht
- 1 Becher Sahne – optional
- 3 EL Rapsöl
- Salz und Pfeffer

Zubereitung:

1. Spinat waschen. Orange schälen. 80 g Spinat und Orange mixen.
2. Zwiebel und Knoblauch schälen und in Olivenöl bei kleiner Hitze andünsten.
3. Den Spinat dazugeben und zusammenfallen lassen.
4. Kartoffeln schälen. Von den geschälten Kartoffeln 400 g grob würfeln und zum Spinat geben. Kurz anbraten, mit Brühe ablöschen.
5. Ca. 30 Minuten bei geschlossenem Deckel köcheln lassen. Danach pürieren. Evtl. mit Sahne verfeinern und abschmecken.
6. Übrige Kartoffeln fein würfeln und im Bratöl knusprig anbraten.
7. Suppe in Tassen oder Teller füllen. Spinatpaste und Kartoffelwürfel darauf verteilen und servieren.

Zucchinicremesuppe

Zubereitungszeit: 30 Minuten

Zutaten für 4 Portionen:

- 300 g Zucchini
- 1 Packung Suppengrün
- 100 g Butter
- Etwas Wasser
- 1 Becher Sahne - optional
- Etwas Gemüsebrühe – evtl. selbstgemacht

Zubereitung:

1. Zucchini schälen und fein schneiden.
2. Suppengrün fein schneiden.
3. In einem Topf die Butter schmelzen und das Suppengrün darin leicht anschwitzen. Wasser dazugießen.
4. Zucchini dazugeben und mit Wasser auffüllen, so dass alles bedeckt ist. Nach Geschmack mit Brühe würzen.
5. Alles weich kochen und dann pürieren. Evtl. Sahne hinzufügen und nachwürzen.

Süßes fürs Baby

Apfelmus-Zipfel

Zubereitungszeit: 25 Minuten
Backzeit: 15 Minuten
Backtemperatur: 180°C

Zutaten:

- 200 g Quark
- 200 g weiche Butter
- 200 g Mehl
- 200 g zuckerfreies Apfelmus
- Mehl für die Arbeitsfläche

Zubereitung:

1. Quark, Butter und Mehl zu einem Teig verkneten. Diesen anschließend kalt stellen.
2. Auf einer bemehlten Fläche den Teig auf 3-5 mm Dicke ausrollen. Dann in 5x5 bis 8x8 cm große Quadrate schneiden. Auf jedes Quadrat einen Klecks Apfelmus geben. Anschließend die Quadrate zu Dreiecken zusammenklappen und an den Rändern festdrücken. Bleibt Apfelmus übrig dieses als Dip verwenden.
3. Nun für ca. 15 Minuten backen. Warm sind sie noch relativ weich, sie werden aber fester.

Für größere Kinder und Erwachsene kann auch Marmelade als Füllung genommen werden.

Bananen-Eis

Zubereitungszeit: 10 Minuten

Zutaten für 6 Kugeln Eis:

- 4 Bananen – ca. 400 g
- 2 EL Joghurt Natur

Zubereitung:

1. Bananen schälen und in Stücke schneiden. Die Stücke 4-5 Stunden, besser über Nacht einfrieren.
2. In der Küchenmaschine oder dem Mixer die gefrorenen Bananen und Joghurt zu einer cremigen Masse mixen. Weitere 1-2 Stunden bis zur idealen Konsistenz frieren lassen.

Bratapfel-Cookies

Zubereitungszeit: 20 Minuten
Backzeit: 15 Minuten
Backtemperatur: 175°C

Zutaten:

- 5 Äpfel
- 100 g Butter
- 1 Ei
- 150 g Mehl
- 1 TL Backpulver
- 1 EL Haferflocken
- 1 EL Rosinen
- 1 Prise Zimt

Zubereitung:

1. Äpfel waschen und das Kerngehäuse entfernen. Anschließend in grobe Stücke schneiden oder raspeln (Die Schale kann wegen des Aromas dranbleiben.)
2. In einer Pfanne mit 50 g Butter die Äpfel andünsten, bis sie richtig weich sind.
3. Die restliche Butter mit dem Ei schaumig rühren.
4. Dann das Mehl, Backpulver und die Haferflocken unterrühren.
5. Den Teig mit der Apfelmasse verrühren, Rosinen und Zimt dazugeben.
6. Backblech mit Backpapier auslegen. Darauf kleine Häufchen des Teiges setzen. Anschließend ca. 15 Minuten backen.

Dattelkuchen

Zubereitungszeit: 60 Minuten
Backzeit: 45 Minuten
Backtemperatur: 175°C

Zutaten:

- 250 g Datteln
- 300 ml Vollmilch
- 2 Bananen oder 250 g Apfelmus
- 275 g Dinkelvollkornmehl
- 100 g Butter
- 75 g gehackte Wal- oder Haselnüsse
- ½ Päckchen Weinstein-Backpulver
- Nach Geschmack Rosinen

Zubereitung:

1. Datteln für etwa 1 Stunde in Milch einweichen. Danach pürieren.
2. Bananen schälen, mit einer Gabel zerdrücken und mit den restlichen Zutaten in einer Rührschüssel zu einem feinen Teig verrühren.
3. Anschließend das Dattelpüree unterrühren.
4. Eine runde Kuchenform einfetten und den Teig einfüllen.
5. Für ca. 45 Minuten im Backofen backen.

Energy-Balls

Zubereitungszeit: 10 Minuten

Zutaten für 10 Kugeln:
- 5 Medjool Datteln
- 100 g Mandeln
- 100 g Cashewkerne
- 100 g Walnüsse
- 2 EL Kokosnussmus
- 2 EL Mandelmus
- 200 g Kokosflocken

Zubereitung:
1. Datteln entkernen und mit den Mandeln, Cashewkernen, Nüssen, Kokosnussmus, Mandelmus und 100 g Kokosflocken in der Küchenmaschine mixen, bis eine klebrige Masse entstanden ist.
2. Die übrigen Kokosflocken auf einen Teller streuen.
3. Aus dem Teig kleine Bällchen formen und diese durch die Kokosflocken rollen bis sie ganz bedeckt sind.
4. Im Kühlschrank etwa 4-5 Stunden erkalten lassen, dann genießen.

Fruchteis mit Waffeln

Zubereitungszeit: 60 Minuten
Gefrierzeit: 60 Minuten

Zutaten für 3 Kugeln Eis:

- 150 g TK-Beeren-Mix
- 3 EL Apfelsaft

Zutaten für die Waffeln:

- 2 Eiweiß
- 3-4 EL Milch
- 1 Prise Salz
- 100 g Dinkelmehl
- 2 EL geschmolzene Butter

Zubereitung:

1. In einem hohen Gefäß Beeren und Apfelsaft mixen bis eine glatte Masse entsteht. Diese in einen Gefrierbehälter füllen und ca. 1 Stunde im Gefrierfach frieren lassen.
2. Eiweiß, Milch und Salz miteinander verquirlen.
3. Mehl und Butter unterrühren.
4. Eine Pfanne erhitzen und einen Esslöffel Teig in der Mitte zu einem ca. 12 cm großen Kreis verteilen. Etwa 3-4 Minuten backen, umdrehen und nochmal 1-2 Minuten backen.
5. Nun herausnehmen und zu einem Hörnchen formen. Mit dem Rest des Teiges genauso verfahren.
6. Hörnchen auskühlen lassen. Am besten noch am selben Tag mit einer Eiskugel essen.

Kaiserschmarrn

Zubereitungszeit: 35 Minuten

Zutaten für 1 Erwachsenen und 1 Baby:

- 2 Äpfel – ca. 500 g
- 2 EL Wasser
- 3 Bananen – ca. 350 g
- 3 Eier
- 50 g Dinkelmehl
- 1 EL Kokosöl oder Butter

Zubereitung:

1. Äpfel schälen, Kerne entfernen und in Stücke schneiden.
2. Etwa ¾ der Äpfel mit Wasser in einem Topf bei geschlossenem Deckel ca. 6-10 Minuten dünsten bis die Äpfel weich sind. Dann mit den restlichen Apfelstücken im Mixer zu einem Mus pürieren.
3. Bananen schälen und in einer Schüssel mit einer Gabel zerdrücken. Mit Eiern und Mehl zu einem Teig rühren.
4. Öl oder Butter in einer Pfanne erhitzen, den Teig hineinfüllen und bei mittlerer Hitze etwa 3-5 Minuten ausbacken bis der Pfannkuchen leicht gebräunt ist. Dann mit einem Holzlöffel in Stücke zerrupfen.
5. Dem Baby wird der Schmarrn mit dem Mus lauwarm serviert.

Erwachsene können ihren Schmarrn noch versüßen mit Ahornsirup und mit Walnüssen verfeinern.

Knabberkekse

Zubereitungszeit: 5-10 Minuten
Backzeit: 20 Minuten
Backtemperatur: 180°C

Zutaten für 12 Cookies:

- 12 Medjool Datteln
- 200 g geriebene Mandeln
- 3 EL Mandelmilch
- 1 EL Chiasamen
- 50 g Cranberries

Zubereitung:

1. Zuerst die Datteln entkernen.
2. Dann alle Zutaten im Mixer zu einem Teig mixen.
3. Backblech mit Backpapier auslegen. Den Teig darauf zu kleinen Bällchen rollen und mit einem Löffel flach drücken, dann backen.
4. Die Kekse müssen nach der Backzeit auskühlen und können kalt oder lauwarm serviert werden.

Maronikonfekt

Zubereitungszeit: 10 Minuten

Zutaten:

- 50 g gekochte Maronen
- 50 g getrocknete Zwetschgen
- 25 g gemahlene Mandeln
- 2 EL Kokosraspel

Zubereitung:

1. Maronen, Zwetschgen und Mandeln im Mixer pürieren.
2. Kokosraspeln auf einen Teller streuen.
3. Aus dem Maronenmix Kugeln formen und diese in den Kokosraspeln rollen, damit sie ganz bedeckt sind. Der leckere Snack ist fertig!

Man kann die Kokosraspeln auch sofort mit in die Mischung geben. Variieren kann man auch bei den Früchten und Nüssen.

Milchreis mit Kirschen

Zubereitungszeit: 30 Minuten

Zutaten für 1 Erwachsenen und 1 Baby:

- 200 ml Milch
- 50 g Milchreis
- 1 EL Butter
- 150 g Kirschen
- 100 ml Wasser
- 1 Prise Zimt

Zubereitung:

1. In einem kleinen Topf die Milch zum Kochen bringen. Dann den Milchreis einrieseln lassen und ca. 20 Minuten köcheln lassen bis der Reis durch ist.
2. Kirschen waschen und entkernen.
3. In einem weiteren Topf die Butter schmelzen. Kirschen dazugeben und alles mit etwas Wasser aufkochen, bis eine cremige Substanz entstanden ist. Zimt darüber streuen.
4. Babyportionen abfüllen und abkühlen lassen. Am besten das Baby erst beides getrennt voneinander probieren lassen. Wenn es beides mag darf gemischt werden.

Erwachsene verwenden als Zusatz gern Ahornsirup.

Schokomole

Zubereitungszeit: 10 Minuten

Zutaten für 2 Portionen:

- 1 Avocado
- 1-2 EL Kakao – nach Geschmack
- 2 EL Milch – vegan= Mandelmilch oder Kokosmilch
- 2 EL Agavendicksaft

Zubereitung:

1. Avocado halbieren und entkernen. Fruchtfleisch in ein hohes Gefäß geben.
2. Kakao, Milch und Agavendicksaft mit zur Avocado geben und mit dem Mixer pürieren.
3. Auf Schälchen verteilen und servieren.

Erwachsenen wird das Gericht mit Sahne und Schokospänen serviert.

Zuckerfreie Lebkuchen

Zubereitungszeit: 25 Minuten
Backzeit: 25 Minuten
Backtemperatur: 170°C

Zutaten:
- 5 Eier
- 5 EL Orangensaft
- 160 g Datteln
- 200 g gemahlene Mandeln
- 200 g gemahlene Haselnüsse
- 2 TL Lebkuchengewürz
- Etwas Milch

Zubereitung:
1. 4 Eier aufschlagen und mit dem Orangensaft mischen.
2. Datteln entkernen und ca. 20 Minuten in der Eimasse einweichen lassen. Dann zu einer feinen Masse pürieren.
3. Mandeln, Haselnüsse und Lebkuchengewürz dazugeben und zu einem Teig kneten.
4. Backblech mit Backpapier auslegen. Mit feuchten Händen aus dem Teig kleine Kugeln formen und auf das Blech setzen.
5. Ein Ei mit etwas Milch verquirlen. Die Lebkuchen mit der Eiermilch bestreichen und anschließend für ca. 25 Minuten backen.

Man kann die Lebkuchen auch auf runden Oblaten backen.

Warme Mahlzeiten

Blumenkohl-Lauch-Polenta

Zubereitungszeit: 25 Minuten

Zutaten für 2 Portionen:

- ½ Blumenkohl – ca. 330 g
- 3 Cherrytomaten – ca. 60 g
- 1 Stange Lauch
- 1 EL Rapsöl
- 200 ml Wasser
- 50 g Instant-Polenta
- 1 EL Butter

Zubereitung:

1. Gemüse waschen, das Grün entfernen und klein schneiden.
2. In einem Topf Öl erhitzen und das Gemüse darin etwa 5 Minuten bei mittlerer Hitze anbraten.
3. 200 ml Wasser angießen und ca. 10 Minuten köcheln lassen.
4. Die Polenta unterrühren und weitere 4-5 Minuten kochen lassen. Dabei immer wieder umrühren.
5. Anschließend die Butter hinzufügen.
6. Die Portion fürs Baby abfüllen und lauwarm servieren.

   Erwachsene: Abschmecken mit Pfeffer und Salz und mit Parmesan abrunden.

Brokkoli-Puten-Brei

Zubereitungszeit: 20 Minuten

Zutaten für 2 Portionen:

- 50 g Brokkoli
- 30 g Putenschnitzel
- 100 ml Gemüsebrühe – selbstgemacht
- 50 g gekochter Vollkornreis
- 1 EL Rapsöl
- 1 EL Butter

Zubereitung:

1. Brokkoli waschen und in kleine Stücke/Röschen schneiden.
2. Das Fleisch waschen und klein schneiden.
3. Brokkoli und Fleischstückchen in der Brühe in einem kleinen Topf ca. 10 Minuten bei geschlossenem Deckel garen.
4. Dann den Reis dazugeben und weitere 5 Minuten köcheln lassen.
5. Abkühlen lassen und mit Öl und Butter zu einem Brei pürieren. Diesen dem Baby lauwarm servieren.

Brokkoli-Schinken-Kartoffel-Pfanne

Zubereitungszeit: 30 Minuten

Zutaten für 2 Portionen:

- 2 Kartoffeln – ca. 200 g
- ¾ Brokkoli – ca. 200 g
- 2-3 Scheiben dicker Schinken – 60 g
- 2 EL Rapsöl

Zubereitung:

1. Kartoffeln schälen und etwa 25 Minuten weich kochen.
2. Danach die dicken Stängel vom Brokkoli entfernen, in das Kochwasser geben und etwa 10 Minuten köcheln lassen.
3. Schinken in Stücke schneiden.
4. In einer Pfanne mit etwas Öl Kartoffeln, Brokkoli und Schinken anbraten.
5. Babyportion mit 50 ml Wasser pürieren und lauwarm servieren.

Erwachsene verfeinern ihre Portion noch mit Pfeffer und Salz.

Gemüserösti

Zubereitungszeit: 15 Minuten

Zutaten für 3 Portionen:

- 500 g Butternut Kürbis
- 200 g Kartoffeln
- 2 Zwiebeln
- 4 EL Mehl
- 3 Eier
- 2 EL Sonnenblumenöl

Zubereitung:

1. Kürbis, Kartoffeln und Zwiebeln schälen. Kürbis entkernen. Alles zunächst grob zerschneiden, dann fein raspeln.
2. In einer Schüssel das geraspelte Gemüse mit Mehl und Eiern zu einem homogenen Teig verrühren.
3. Das Öl in einer Pfanne erhitzen und jeweils einen Esslöffel Teig hineingeben. Beidseitig etwa 3-4 Minuten goldbraun braten. Danach auf Küchenpapier abtropfen lassen und warm stellen. Mit dem übrigen Teig ebenso verfahren.
4. Das Baby bekommt die Puffer lauwarm, Erwachsene bekommen ein Dip dazu gereicht.

Gnocchetti Sardi

Zubereitungszeit: 30 Minuten

Zutaten für 2 Portionen:

- 150 g Gnocchetti Sardini – oder andere kleine Pasta
- ½ Zwiebel
- ½ frische Knoblauchzehe – optional
- 1-2 Tomaten
- 1 rote Paprika
- 1 EL Butter
- 100 g Ricotta
- 2 Scheiben gekochter Schinken, dünn geschnitten

Zubereitung:

1. In einem Topf mit Deckel die Nudeln aufsetzen.
2. Zwiebel schälen und klein würfeln. Knoblauch fein hacken. Tomaten vom Stielansatz befreien und in grobe Würfel schneiden. Kerngehäuse aus der Paprika schneiden und die Paprika grob würfeln.
3. In einem kleinen Topf die Butter schmelzen und die Zwiebel darin weich dünsten. Anschließend den Knoblauch dazugeben und mitrösten lassen.
4. Paprika und Tomaten hinzufügen und alles 5 Minuten bei geschlossenem Deckel garen lassen. Dann die Masse pürieren und Ricotta unterrühren.
5. Wenn die Pasta gar ist, abschütten. Etwas Nudelwasser auffangen. Sause unter die Nudeln mischen und etwas Kochwasser dazugießen.
6. Schinken in kleine Stücke zerreißen und unter die Pasta mischen. Die Portion fürs Baby abfüllen.

   Erwachsene würzen noch mit Salz und können mit Parmesan, Pfeffer und Minze verfeinern.

Hamshuka

Zubereitungszeit: 25 Minuten

Zutaten für 2 Portionen:

- 250 g Kichererbsen – eingeweicht und abgetropft – aus der Dose
- 3 EL Tahini
- Saft einer ½ Zitrone
- 50 ml Olivenöl
- ½ Knoblauchzehe
- 2 Frühlingszwiebeln
- 4 Tomaten – ca. 200 g
- 2 EL Rapsöl
- 250 g Rinderhackfleisch
- Pita oder Fladenbrot – getoastet

Zubereitung:

1. Kichererbsen, Tahini, Zitrone, Olivenöl und Knoblauch im Mixer zu einer Creme mixen.
2. Frühlingszwiebel und Tomate waschen. Das Grün entfernen und klein stückeln. Mit Rapsöl in einer Pfanne anbraten.
3. Dann das Hackfleisch dazugeben und alles ca. 5-10 Minuten braten, bis das Hackfleisch durchgegart ist.
4. Babyportion abfüllen und lauwarm mit Brot servieren.

   Erwachsene schmecken noch mit Pfeffer, Salz und Koriander ab.

Hirse-Ratatouille

Zubereitungszeit: 25 Minuten

Zutaten für 2 Portionen:

- ¼ Aubergine – ca. 100 g
- ½ Zucchini – ca. 100 g
- 1 Tomate
- 1 Paprika
- 1 EL Butter
- 150 ml Wasser
- 50 g Hirse

Zubereitung:

1. Gemüse waschen und in fürs Baby mundgerechte Stücke schneiden.
2. In einem Topf bei kleiner Hitze in Öl die Aubergine anbraten.
3. Butter dazugeben und Tomate, Zucchini und Paprika auch leicht anbraten. Anschließend 150ml Wasser dazugießen und alles zum Köcheln bringen.
4. In einem Sieb die Hirse kurz mit lauwarmen Wasser waschen und zusammen mit dem Gemüse etwa 10 Minuten in kochendem Wasser köcheln lassen.
5. Danach einen Deckel auf den Topf legen und das Ratatouille ausquellen lassen. Dem Baby lauwarm servieren.

   Erwachsene würzen noch mit Pfeffer und Salz und können noch Feta hinzufügen.

Kürbispüree mit Hackfleisch

Zubereitungszeit: 30 Minuten

Zutaten für 3 Portionen:

- 1 kleiner Hokkaido-Kürbis – ca. 650 g
- 1 Zucchini – ca. 200 g
- ½ Zwiebel
- 2 EL Butter
- 2 EL Olivenöl
- 250 g gemischtes Hackfleisch

Zubereitung:

1. Kürbis putzen, halbieren und entkernen. Anschließend das Fruchtfleisch mit Schale klein würfeln. In einem Topf mit Wasser den Kürbis etwa 15-20 Minuten weich kochen.
2. Inzwischen Zucchini waschen und in Scheiben schneiden.
3. Zwiebel schälen und fein würfeln.
4. Kürbiswasser abgießen und die Stücke fein pürieren.
5. Zucchini in einer Pfanne mit Öl goldbraun anbraten. Danach auf einem Teller zur Seite stellen.
6. In derselben Pfanne die Zwiebeln glasig andünsten und auch das Hackfleisch dazugeben und goldbraun anbraten.
7. Fürs Baby die Zucchinischeiben und das Hackfleisch unter den Kürbis pürieren und lauwarm servieren.

   Erwachsene verfeinern noch mit Pfeffer und Salz.

Kürbis-Spaghetti mit Schinken

Zubereitungszeit: 25 Minuten

Zutaten für 1 Erwachsenen und 1 Baby:

- ½ Bio-Hokkaido-Kürbis
- 40-50 g Schinkenwürfel
- 2 EL Olivenöl
- 150 g Spaghetti
- 1 EL Butter
- 1 EL Creme fraîche

Zubereitung:

1. In 2 Töpfen Wasser zum Kochen bringen.
2. Kürbis waschen, halbieren und die Kerne entfernen. Kürbisfleisch würfeln und ca. 8-10 Minuten im kochenden Wasser garen.
3. In einer Pfanne mit etwas Öl den Schinken anbraten.
4. Im zweiten Topf die Spaghetti kochen – für die Erwachsenen al dente, Babyportion etwas länger. Dann abgießen und etwas Wasser auffangen für die Sauce.
5. Kürbis abschütten und mit Butter und Creme fraîche im Mixer pürieren. Etwas Nudelwasser und Schinkenwürfel dazugeben und pürieren.
6. Nudeln der Erwachsenen mit 2/3 der Sauce mischen.
7. Spaghetti fürs Baby kleinschneiden, dann unter den Rest Sauce mischen und lauwarm servieren.

Erwachsene können noch mit Gewürzen und Parmesan abschmecken.

Mango-Hähnchen mit Reis

Zubereitungszeit: 25 Minuten

Zutaten für 2 Erwachsene und 1 Baby:

- 150 g Basmatireis
- 1 reife Mango – ca. 400 g
- ½ Zwiebel
- 200 g Hähnchenbrustfilet
- 1 EL Butter

Zubereitung:

1. Reis in einem Topf nach Packungsanleitung kochen.
2. Mango schälen, klein stückeln und die Hälfte zur Seite stellen als Nascherei für das Baby.
3. Zwiebel schälen und klein hacken.
4. Hühnerbrust waschen und in kleine Stücke schneiden.
5. In einer Pfanne Butter erhitzen und die Zwiebel darin anbraten.
6. Dann Hühnerfleisch mitbraten, den Reis abseihen und ebenfalls kurz anrösten.
7. Portion fürs Baby abfüllen und mit ¼ der Mangos lauwarm servieren.

Erwachsene würzen das Gericht nach Geschmack nach.

Minestrone mit Erbsen

Zubereitungszeit: 20 Minuten

Zutaten für 2 Portionen:

- 500 ml Hühnerbrühe mit wenig Salz – (selbstgemacht)
- 3-4 EL Midolini
- 100 g TK-Erbsen

Zubereitung:

1. Brühe zum Kochen bringen und die Nudeln gar kochen.
2. Kurz vor Ende der Garzeit die Erbsen dazugeben. Babyportion abfüllen.

   Erwachsene würzen noch mit Pfeffer und Salz und verfeinern mit Parmesan, Kräutern und etwas Öl.

Orientalischer Karotten-Linsen-Eintopf

Zubereitungszeit: 40 Minuten

Zutaten für 3 Portionen:

- 5 Möhren – ca. 500 g
- ½ Zwiebel – ca. 40 g
- 2 EL Butter oder Rapsöl
- 1 EL geriebener Ingwer
- 200 g rote Linsen
- 550 ml Gemüsebrühe – selbstgemacht

Zubereitung:

1. Möhren und Zwiebel schälen und klein schneiden.
2. In einem Topf die Butter oder das Öl erhitzen und die Zwiebel darin anrösten.
3. Möhren und Ingwer dazugeben und kurz mitrösten.
4. Linsen hinzufügen und mit Gemüsebrühe aufgießen. Das Gemüse für etwa 20-30 Minuten köcheln lassen. Dabei gelegentlich umrühren.
5. Anschießend alles pürieren und die Babyportion abfüllen und auf Raumtemperatur abkühlen lassen.

Für Erwachsene kann der Eintopf noch mit Gewürzen scharf abgeschmeckt werden.

Paprika-Huhn-Basilikum-Pasta

Zubereitungszeit: 25 Minuten

Zutaten für 2 Erwachsene und 1 Baby:

- 300 g Penne
- ½ Zwiebel
- 200 g Hühnerbrust
- 2 rote Paprika
- 1 EL Rapsöl
- 70 g Tomatenmark
- 2 Fleischtomaten – ca. 150 g
- 100 ml selbstgemachte Gemüsebrühe
- Handvoll frischen Basilikum

Zubereitung:

1. In einem Topf mit reichlich Wasser Penne gar kochen.
2. Zwiebel und Paprika schälen und klein stückeln.
3. Hühnerbrust waschen und in kleine Stücke schneiden.
4. Dann die Zwiebeln in einer Pfanne mit Öl etwa 2-5 Minuten anrösten. Anschließend das Fleisch mitbraten bis es goldbraun ist.
5. Paprika, Tomatenmark und Brühe dazugeben und alles etwa 10 Minuten köcheln lassen. Am Ende Basilikum für das Aroma mitkochen lassen.
6. Nudeln abseihen. Die Babyportion noch etwa 3 Minuten im Wasser lassen.
7. Dann die Nudeln mit der Sauce mischen, abkühlen lassen und lauwarm servieren.

Die „Großen" verfeinern noch mit Salz, Pfeffer und Parmesan.

Pasta mit Auberginen und Tomaten

Zubereitungszeit: 25 Minuten

Zutaten für 3 Portionen:

- 300 g Cannolicchi
- ¾ Aubergine – ca. 200 g
- 2 große Tomaten
- 2-4 EL Olivenöl
- 5 Blatt Basilikum

Zubereitung:

1. Nudeln in einem Topf nach Anleitung kochen.
2. Inzwischen die Aubergine waschen und in Würfel schneiden.
3. Tomaten vom Grün befreien und würfeln.
4. In einer Pfanne ohne Öl die Auberginenwürfel anbraten, damit sie ihr Wasser verlieren. Dann Öl und Tomaten dazugeben und bei kleiner Hitze zugedeckt köcheln lassen.
5. Die Erwachsenenportion Nudeln abschöpfen. Die Babyportion noch ca. 3 Minuten im Wasser lassen.
6. Nun die Nudeln unter die Sauce rühren und die Babyportion lauwarm servieren.

Erwachsene würzen noch nach Geschmack.

Reis mit Lachs, Tomaten und Zucchini

Zubereitungszeit: 30 Minuten

Zutaten für 1 Erwachsenen und 1 Baby:

- 125 g Reis
- 1 kleine Zucchini
- 1 Handvoll Kirschtomaten
- 300 g Lachs – TK oder frisch
- ½ Zwiebel
- 2 EL Rapsöl

Zubereitung:

1. Reis kochen. Danach abtropfen lassen.
2. Zucchini waschen, halbieren und in Scheiben schneiden.
3. Tomaten vom Grün befreien, waschen und klein schneiden.
4. Lachs abspülen, trocken tupfen und in Stücke von 1-2 cm Größe schneiden.
5. In einer Pfanne das Öl erhitzen und die Zwiebel darin anbraten.
6. Zucchini und Tomaten dazugeben und auch leicht anrösten.
7. Reis hinzufügen und mit braten.
8. Lachs ca. 3-4 Minuten mit braten bis er durch ist.
9. Die Babyportion abfüllen und etwas abkühlen lassen.

   Erwachsene können ihre Portion mit Pfeffer und Salz und Zitronensaft abschmecken.

Risibisi mit Huhn

Zubereitungszeit: 15 Minuten

Zutaten für 3 Portionen:

- 1 EL Butter
- 300 g Geschnetzeltes vom Huhn
- 400 g gekochter Reis
- 200 g TK-Erbsen
- 200 ml Gemüsebrühe – selbstgemacht
- 1 EL Creme fraîche

Zubereitung:

1. Butter in einer Pfanne erhitzen und das Huhn und den Reis darin etwa 5 Minuten bei mittlerer Flamme anbraten.
2. Erbsen zufügen und 5 Minuten mitbraten.
3. Mit Brühe ablöschen und Creme fraîche unterrühren. Gut umrühren, damit es schön saftig wird.
4. Babyportion in eine Schale abfüllen und auf Zimmertemperatur auskühlen lassen.

   Den Reis für die Erwachsenen mit Gewürzen abgeschmecken und mit Petersilie verfeineren.

Rote Bete-Kürbis-Pasta

Zubereitungszeit: 30 Minuten

Zutaten für 1 Baby und 2 Erwachsene:

- 300 g Nudeln nach Wahl
- ¼ Hokkaido-Kürbis
- 1 gekochte Rote Bete – ca. 150 g
- 1 EL Butter
- 100 g Creme fraîche

Zubereitung:

1. Nudeln in einem Topf gar kochen.
2. Kürbis waschen, halbieren und die Kerne entfernen. Das Kürbisfleisch in kleine Würfel schneiden und in einer Pfanne bei geschlossenem Deckel schonend schmoren. Dabei immer wieder umrühren.
3. Rote Bete in Stücke schneiden.
4. Kürbis mit dem Schmorwasser, Roter Bete, Butter und Creme fraîche zu einer Sauce pürieren. Ist sie noch zu dick, etwas Nudelwasser dazugießen.
5. Nudeln und Sauce mischen und servieren.

Erwachsene schmecken noch mit Gewürzen ab.

Süßkartoffel-Salbei-Risotto

Zubereitungszeit: 45 Minuten

Zutaten für 2 Erwachsene und 1 Baby:

- 1 Süßkartoffel – ca. 200 g
- 2-3 EL Olivenöl
- Handvoll Salbei
- 150 g Risottoreis
- 600 ml Gemüsebrühe – selbstgemacht
- 2 EL Butter

Zubereitung:

1. Süßkartoffel schälen und klein stückeln.
2. In einer Pfanne Öl erhitzen und darin die Kartoffel leicht anbraten.
3. Salbei dazugeben und mitbraten bis er knusprig ist. Dann auf einem Küchenpapier abtropfen lassen.
4. Nun den Reis zu den Kartoffeln geben, kurz mitdünsten und dann mit etwas Brühe ablöschen. Ist die Flüssigkeit aufgesogen, wieder Brühe dazugeben und einkochen lassen. Das Ganze 20-25 Minuten wiederholen, bis die gesamte Flüssigkeit aufgesogen ist. Dann die Butter dazugeben.
5. Abgefüllte Babyportion lauwarm servieren.

   Die Erwachsenen würzen ihre Portion noch mit Salbei, Salz und Pfeffer.

Süßkartoffel-Spinat-Brei

Zubereitungszeit: 60 Minuten
Backzeit: 40 Minuten
Backtemperatur: 190°C

Zutaten für 2 Erwachsene und 1 Baby:

- 3 mittelgroße Süßkartoffeln – ca. 800 g
- 200 g Blattspinat
- 1 EL Butter
- ½ Feta – ca. 50 g
- 20-30 g Pinienkerne
- Pfeffer und Salz

Zubereitung:

1. Süßkartoffel waschen und längs halbieren.
2. Backblech mit Backpapier auslegen und die Süßkartoffelscheiben darauf im vorgeheizten Backofen ca. 20-30 Minuten garen. Nach etwa 20 Minuten mit etwas Öl beträufeln und nochmals 20 Minuten garen, bis sie weich ist.
3. Inzwischen die Butter in einem Topf erhitzen und den Spinat bei kleiner Flamme erhitzen.
4. Die nun weiche Süßkartoffel aushöhlen, den Brei mit dem Spinat mischen und die Portion fürs Baby zur Seite stellen oder sofort lauwarm servieren.

   Für die Großen den Feta und die Pinienkerne mit dem übrigen Brei mischen und würzen. Dann in die ausgehöhlten Kartoffeln geben und etwa 10 Minuten überbacken.

Wirsing-Spargel-Pfanne

Zubereitungszeit: 15 Minuten

Zutaten für 1 Erwachsenen und 1 Baby:
- 500 g Wirsing
- 300 g grüner Spargel
- 1 EL Olivenöl
- 100 g gekochter brauner Reis

Zubereitung:
1. Wirsing waschen und vierteln. Den Strunk entfernen und die Blätter in kleine Stücke schneiden. In einen Topf etwa 2 Finger hoch Wasser füllen. Darin den Wirsing für 8 Minuten bei mittlerer Hitze dünsten.
2. Spargel waschen und die Enden abschneiden. Dann den Spargel in kleine Stücke schneiden und in einer Pfanne mit Öl anbraten.
3. Wirsing und Reis dazugeben und etwa 5 Minuten leicht anbraten.
4. Die Babyportion abfüllen und pürieren.

Erwachsene würzen ihre Portion noch mit Pfeffer und Salz.

Impressum

1. Auflage 2019
Coverbild Depositphotos: Baby food logo @ Tomsoer

 Kontakt: Torsten Gorsch, Schildweg 1, 97084 Würzburg.

ISBN: 9781092444545

Haftungsausschuss

Die Inhalte dieses Buches wurden mit äußerster Sorgfalt und nach besten Wissen erstellt. Der Autor übernimmt keinerlei Gewähr für Aktualität, Richtigkeit und Vollständigkeit der bereitgestellten Informationen.
Haftungsansprüche gegen den Autor, welche sich auf Schäden gesundheitlicher, materieller oder ideeller Art beziehen, die durch die Nutzung oder Nichtnutzung der dargebotenen Informationen bzw. durch die Nutzung fehlerhafter und unvollständiger Informationen verursacht wurden, sind grundsätzlich ausgeschlossen, sofern seitens des Autors kein nachweislich oder grob verlässiges Verschulden vorliegt.
Der Autor distanziert sich von jeglichen Ansprüchen, die wegen nicht Erreichung der Ziele, die in diesem Buch beschrieben wurden, entstehen.

Haftung für externe Links
Unser Angebot enthält Links zu externen Websites Dritter, auf deren Inhalte wir keinen Einfluss haben. Deshalb können wir für diese fremden Inhalte auch keine Gewähr übernehmen. Für die Inhalte der verlinkten Seiten ist stets der jeweilige Anbieter oder Betreiber der Seiten verantwortlich. Die verlinkten Seiten wurden zum Zeitpunkt der Verlinkung auf mögliche Rechtsverstöße überprüft. Rechtswidrige Inhalte waren zum Zeitpunkt der Verlinkung nicht erkennbar.
Eine permanente inhaltliche Kontrolle der verlinkten Seiten ist jedoch ohne konkrete Anhaltspunkte einer Rechtsverletzung nicht zumutbar. Bei Bekanntwerden von Rechtsverletzungen werden wir derartige Links umgehend entfernen.

41420959R00081

Printed in Poland
by Amazon Fulfillment
Poland Sp. z o.o., Wrocław